一个书店经理的自述：

乐做新华卖书郎

郑士德 著

中国书籍出版社
China Book Press

图书在版编目（CIP）数据

一个书店经理的自述：乐做新华卖书郎／郑士德著．
—北京：中国书籍出版社，2019.5
（口述出版史）
ISBN 978-7-5068-7295-9

Ⅰ.①一⋯ Ⅱ.①郑⋯ Ⅲ.①出版发行-中国-文集
Ⅳ.①G23－53

中国版本图书馆 CIP 数据核字（2019）第 091743 号

一个书店经理的自述：乐做新华卖书郎

郑士德　著

责任编辑	许艳辉　庞元
责任印制	孙马飞　马芝
封面设计	宁成春　楠竹文化
出版发行	中国书籍出版社
地　　址	北京市丰台区三路居路 97 号（邮编：100073）
电　　话	(010)52257143(总编室)　(010)52257140(发行部)
电子邮箱	eo@chinabp.com.cn
经　　销	全国新华书店
印　　刷	三河市顺兴印务有限公司
开　　本	789 毫米 × 1092 毫米　1/32
印　　张	17.75
字　　数	207 千字
版　　次	2019 年 5 月第 1 版　2019 年 5 月第 1 次印刷
书　　号	ISBN 978-7-5068-7295-9
定　　价	68.00 元

版权所有　翻印必究

"口述出版史丛书"编委会

顾　　　　问：刘杲　石峰　袁亮
编委会主任：魏玉山
编委会副主任：黄晓新　范军　张立　董毅敏
编委会成员（按姓氏笔画为序）：
　　　　　　　于秀丽　王平　王扬　刘成芳　刘向鸿
　　　　　　　李晓晔　杨昆　杨春兰　张羽玲　陈含章
　　　　　　　武斌　尚烨　庞元　庞沁文　赵冰
　　　　　　　赵安民　黄逸秋　游翔

收集鲜活史料　知古鉴今资政

——"口述出版史丛书"总序

党的十八大以来，以习近平同志为总书记的党中央高度重视对党的历史的总结和运用。习近平总书记曾强调指出，历史是最好的教科书。学习党史、国史，是坚持和发展中国特色社会主义、把党和国家各项事业继续推向前进的必修课。这门功课不仅必修，而且必须修好。这一重要论断，为我们进一步学习和研究党史国史，继承和发扬党的优良传统和工作作风，坚定中国特色社会主义道路自信、理论自信、制度自信，推动各方面工作健康发展，指明了前进方向，提供了基本遵循。

从某种意义上说，中国共产党领导下的当代出版史是党史、国史的一个缩影。出版史与一个国家的社会发展史有着深厚的渊源，这一判断至少包含如下三层意思：作为一种实践活动，出版活动本身是人类社会活动的重要组成部分；作为一种传播载体，出版行为具有记录历史、传承文明的功能与作用；作为文化领域的重要分支，伴随着人类社会历史车轮的缓缓前行，出版业也在创造和书写着自身的行业发展史。

孔子曾称赞其弟子子贡为"告诸往而知来者"，意思是告诉你以前的事，你就能够举一反三、知道未来。这说明反思历史是未来发展的必要借鉴。没有历史的未来，亦犹无源之水、无本之木，是不可思议的。因此，我国出版业要在新的历史起点上继续繁荣发展，恐怕也需要对一个时期以来的出版史进行返观自省，梳理过往的发展轨迹，剖析发展节点上的是非曲折，总结疏导事业发展的经验教训，等等。一个行业，倘若没有深厚的历史作为积淀，是注定走不远的。

研究历史，就需要有丰富的相关史料。史料包括文献史料，有史书、档案文书、学术著作等文字史料，也包括当事人或亲历者提供的口述史料等。尽管我国史学有秉笔直书的理念倡导和传统，但毋庸讳言，那种"为尊者讳""为当权者隐"的流弊却也屡见不鲜。因此，历史过程的亲历者、历史事件的当事人或目击者所提供的口述史料，就有着非同寻常、非常鲜活、非常珍贵的特殊价值。

几年前，北京电视台推出了一档集人文、历史和军事等题材在内的揭秘性纪实栏目——《档案》，颇受观众青睐。2011年，我看了一期《档案》节目后受到启发，觉得在我们出版界把那些当代的、珍贵的资料用音像的形式收集、记录和保存下来，很有必要、很有价值。我想，我们可以像《档案》栏目那样，去采访出版界的老领导、老职工，把当时他们对一些重大问题的决策经过、重大事件的亲身经历和处理过程，用口述的形式记录下来，保存起来。按我当时的想法，采访要原汁原味，遵守保密协议，记录者不得随意外传，受访者有什么谈什么，有不同看法，甚至涉及高层领导的意见，都可以谈，要尽可能地保持历史原貌，为后人研究我们当下的出版史，保存一批珍贵的第一手史料。

我把上述感想写信告诉了中国新闻出版研究院的领导，这封信受到了研究院领导班子的重视。他们专门抽调科研力量成立组织机构，并进行摸底研究，制订了采访规划，于是，"口述出版史"这个项目就应运而生了。现在回过头来看，与其说"口述出版史"的诞生，是由于我偶然间的一封信，倒不如说我的提议正好契合了研究院长期以来所关注出版基础理论的科研旨趣，更进一步讲，它也正好契合了国内各行业如火如荼的口述史理论探讨与实践探索。这大概就是唯物辩证法所讲的"偶然性事件中有必然性因子，而必然性往往通过偶然性来为自己开辟道路"吧。

我个人认为，以往中国近当代史的研究是以群体抽象为基础的"宏大叙事"模式。口述史的开展，可以在"宏大叙事"模式之外，多了一个"私人叙事"的视角，并由此收集、保存一批带有鲜活个性的、珍贵的当代史史料。这既是一种非常强烈的现实需要，同时从某种意义上说，也是一种史学研究的创新。

之所以这样说，不仅是因为口述史作为一种现代史学研究方法，对操作规程有着严格要求（它要求采访人要有跨学科的研究视角、严谨的史学素养、扎实的实务功底、严格的保密规程，等等），更是因为它所涉及的受访人大多是行业内重要政策出台的起草者、参与者、见证者，他们阅历丰富、见识高深，不少受访的老同志在退居二线前身居高位，如何与这样高层次的受访对象展开对话与交流，采访并收集到文件上所看不到的"重要事件的处理始末、重要政策的起草与出台经过"，这是一项极具挑战性的科研尝试。

然而，科学研究是不能畏首畏尾、止步不前的，而要有一种开拓创新、探寻真理的精神。我欣喜地看到，中国新闻出版研究院正在着力推动这项科研工作。随着时间的推移，它所抢救、收集到的出版业口述史料，会日益彰显其珍贵的价值。为了能早日把"口述出版史"项目所采集到的史料奉献给业界，研究院决定出版一套"口述出版史丛书"。我认为，其立意是高远的，这对于夯实当代出版史研究、弘扬出版文化、推动出版业的健康发展，都具有重要的现实意义和历史意义。因此，我欣然应允，为之作序。

  日月如梭，时移世迁。当代出版史研究也需要随着时间和实践的发展而不断深化。从"三亲"（亲历、亲见、亲闻）切入，聚焦"两重"（重大事件的处理始末、重要政策的起草出台），是该丛书的基本定位。鉴于不同访谈者在不同历史事件中的参与程度不同，该丛书将以出版人物的个人访谈、出版事件的集体记忆等形式陆续推出，形式不同，但相同的是对历史真实的尊重，其学术价值颇值得期待。

  常言道，众人拾柴火焰高。"口述出版史"项目的全面铺开，离不开全行业各个环节、各个方面同仁们的关注、关心甚至参与。我衷心希望借"口述出版史丛书"这样一个内容十分丰富的命题，引起业界对出版史研究的兴趣，把当代出版业放到历史的坐标系中去考察，收集更多珍贵史料，尽可能还原历史真相，最终达到抢救历史记忆、温故知新、知古鉴今的目的，为在新的历史时期继续推进我国出版业的改革发展，提供更好更多的借鉴。

石 峰
2015 年 7 月

受访人简介

郑士德（1928—），黑龙江省宁安市人。1946年4月参加革命。中共党员，大学本科学历，从事出版发行工作50年。历任《牡丹江日报》社发行科长，新华书店哈尔滨分店经理，新华书店总店编刊室主任、副总经理、编审兼《图书发行报》总编辑，《中国图书商报》首任总编辑，中国书刊发行业协会首届常务副会长兼秘书长。1995—2009年任该会顾问，同时任中国新华书店协会顾问、全国出版物发行标准化技术委员会顾问、北京城市学院出版与发行专业专家委员会委员。著作有北京市出版事业管理局版《从文化书社到新华书店》、高教版《图书发行学概论》、高教版《中国图书发行史》（第一版）、中国时代经济版《中国图书发行史》（增订版）、《图书发行学基础》（北京城市学院教材）。与人合著《中华人民共和国出版事业》（由联合国教科文组织用英文出版）。译著有《日本书店接待读者的艺术》。主编《新华书店五十春秋》。从1992年起享受国务院颁发的政府特殊津贴。2000年荣获全国出版界最高荣誉奖——中国韬奋出版奖（第六届）2009年被选举为新中国六十年优秀出版工作者。

采　　访：陈含章

摄　　像：尚　烨

访谈地点：北京郑士德家中

访谈时间：2013年3月26日—2015年3月13日（第一至八章内容），2018年补充第九章内容

访谈文稿整理：陈含章　罗秉雪　孟　倩

目 录

引　子 ··· 001

第一章　家事与求学 ··· 003

第二章　初涉出版发行行业 ······································ 023

第三章　在东北新华书店 ·· 059

第四章　在新华书店总店 ·· 083

第五章　1958 年大跃进时期 ····································· 101

第六章　三年困难时期 ·· 121

第七章　"四清"与"文革"十年 ······························ 139

第八章　1980 年代书店改革 ····································· 157

第九章　九十年代建立的发行协会 ·························· 189

附　录 ··· 209

　　新华书店第一代发行员是长征战士 ················· 211

　　贺龙将军派连队武装护运图书 ························· 217

　　此生近百岁　拓荒无尽时

　　　　——记老新华人李文的艰苦创业历程 ········· 221

毛主席同我们一一握手
　　——回忆开国大典与全国新华书店出版工作会议 …… 228
回忆哈尔滨为平津新解放区募书活动 ………………… 234
首任总经理徐伯昕重建新华书店总店的历史功绩 ……… 237
全国农村发行网的奠基者
　　——追忆王益同志的一项历史功绩 ………………… 243
全国新华书店第一次改革
　　——1979年试行利润留成 …………………………… 248
化解古文字学术著作出版难题
　　——记总店退休干部梁天俊的佣书业绩 …………… 255
五十春秋铸华章　离而不休续新篇
　　——记图书发行家郑士德 …………………………… 260

引　子

陈含章：郑老您好，我们是中国新闻出版研究院"口述出版史"课题组的成员。您从事图书发行工作近50年，离休后仍然笔耕不辍，著书立说，令人十分钦敬。我拜读过您的《中国图书发行史》一书，不仅史论丰厚，而且文笔练达，是图书发行史的奠基之作。此次访谈，我们则是希望您能以口述历史的形式，为中国的图书发行史留下宝贵的史料。作为个人，我很荣幸能够亲耳聆听您的讲述。首先，能用几句话简单地介绍下您这一生的经历吗？

郑士德：欢迎你们到我家来。我今年（2013年）85岁，一辈子都在跟书打交道。小学四年级就成了小说迷，中学时代刻苦背书。参加革命不久，调新华书店卖书。后来编卖书的报，研究卖书的经验。再后来，编卖书的书和卖书的历史。80岁以来，探讨卖书的规律，撰写和出版了《图书发行学案例教程》。"书"——给予我莫大的幸福，此生算是没白活。

陈含章：感谢您对我院课题的支持与帮助！我们郑重承诺，凡是您声明不宜公开的资料或观点，我们将为您保密。

第一章 家事与求学

一、我的家事和童年

陈含章： 郑老，可以先谈谈您的父母和家庭吗？请问您的文史修养是否受到父母或家庭成员的影响？

郑士德： 我父亲郑宝元，字国珍，汉族，河北人。1888年生于河北省抚宁县后韩家林庄的一个贫农家庭。念了几年私塾，算盘打得不错。年轻时跑关东，开始到奉天（今沈阳），当了几年店员。失业后，一直朝北走，到了黑龙江省宁安县城安家落户。宁安是个比较古老的小城，清代叫宁古塔，是康熙年间流放罪臣的地方。这些罪臣受宁古塔将军监管，多以办私学为生。因此，宁安的文化教育发展得比较早。民国初年已经有了高中。当年称吉林省第四高中。

宁古塔是满族人聚居的地域。其实，没有塔，据考证是当年满族最高统治者任命他的排行兄弟老六为将军，镇守东北辽阔的东部地区。"宁古塔将军"满语称"六将军"。

我父亲到了宁安，最初办了个小商铺。后来经商经验丰富了，由股东出资，在西大街开了一个前店后厂的杂货店，叫东和兴。我父亲担任经理，没有出资，拿干股。这家商店粗具规模，有三间敞开门面，经营日常生活用品以及油、盐、糖、米等商品。门市后边有三进院子，铸造犁、铧等农具，还有个不小的油坊，榨制豆油、豆饼。我四岁记事的时候，我家住在最后院，独门独户。小时候，我经常去看铸造犁、铧等铁制农具的模型，常同油坊的工人叔叔玩游戏。

我父亲到宁安，先是娶妻农家姑娘刘氏，生了三个孩子（是我的同父异母大哥、二哥、大姐）。刘氏年仅25岁，因病去世。大概在1925年续娶了我的生身母亲姚氏，比前房病逝的刘氏还大两岁。

我的母亲姚氏，1900年生于宁安农村的一个富农家庭，全家有10多口人，100多垧地，换算成亩，可达1 000多亩，由我的外祖父主持家业和农活，雇有长工。20世纪20年代初，宁安发生严重旱灾，受灾农民蜂拥跑到农村的富裕大户抢粮、住下不走，"吃大户"。我的外祖父又被土匪"绑票"，花了很多钱才被解救出来。从此，外祖父家衰落了。怕土匪再来"绑票"，被迫搬到县城租房居住。不久，外祖父因恐吓、忧郁病逝。那时我还未出生，百多垧耕地虽然还有，只好听任长期荒芜。伪满时期，这些耕地被日本侵略者开拓团霸占，仅仅给了象征性的几个钱，算是"购买"。

那个时候，农村女孩十五六岁就结婚了。我母亲为什么拖到27岁（可能是虚岁）才结婚？因为她是大户人家出身，从小娇生惯养，聪明美丽，是全家人的"掌上明珠"。到了出嫁年龄，在农村挑来挑去，物色不到如意郎君。就这样，拖来拖去，拖成了当年的"老姑娘"。她家搬到县城不久，经媒人巧言介绍，我父亲又瞒了几岁（实际比母亲大十二岁），才同我父亲结婚。我父亲是"东和兴"掌柜的，也算体面人物。只是我母亲刚结婚，就当继母，伺候前房留下的三个孩子，最大的6岁，最小的2岁，后妈难当"深了不是，浅了也不是"。作为大家闺秀的母亲，深为委屈，只好"认命"。

据我母亲讲，她的先辈是湖南长沙人，汉族，可能是康熙年间的什么官，因科举选士对抗朝廷被流放到宁古塔。从此，在宁古塔繁衍生息，代代相传，积累了一番家业。宁安的耕地肥沃，从来不必施肥。自然条件好，日子比较好过，素有"棒打狍子瓢舀鱼，野鸡飞到饭锅里"的富庶谚语。按照清代的汉族风俗，妇女都要裹小脚，否则嫁不出去。宁安地区满族人多，我的姥姥、姨母和母亲都随满族风俗，不裹小脚，一直是天然的大脚。我母亲的弟弟——我的老舅，比母亲小两岁，在县城高中读书，假期回到农村家中，常给母亲讲故事。我母亲虽然不识字，却知道不少古代故事。我的童年时期，每天晚上和哥哥、姐姐一起，围着小油灯，听母亲讲故事。这对活跃我的童年思路，开阔视野，大有帮助。有些故事的梗概，至今我仍然记得。

我的老舅姚忠谋高中毕业后，在沈阳的东北军张学良总部工作。张学良派他到日本士官学校留学。毕业后回国，追随张学良到了北平。"九一八事变"后，随东北军到了西安，是张学良的中校军需官。他几次奉命秘密运送军火等物资给延安。延安的后勤机关待他如上宾，曾介绍他参加中国共产党，他犹犹豫豫，没有参加。"双十二事变"后，张学良被蒋介石扣了起来，东北军被调离西北。我的老舅脱下军装不干了，在西安一家银行当了个营业部主任。1957年，我到西安出差，经多方打听，才同他初次见面。那时，他在一家国营工厂当会计主任。"文革"期间，他未受冲击，因病去世。

陈含章：您于1928年出生在黑龙江，正是这一年，日军先是制造了"济南惨案"，接着又在沈阳皇姑屯车站炸死张作霖，阴谋夺取东北。1931年日军又制造了"九一八事变"，在3个多月时间里占领东北全境，实行"三光"政策，建立伪满洲国，使三千多万同胞沦落日军的铁蹄之下，一直持续到1945年日本战败。这期间正是您的童年和青少年时期，请问您对这段时间有着怎样的记忆和印象？

郑士德："九一八"事变前，我父亲经营的买卖颇为兴旺，在宁安商界有点小名气。"九一八"事变的那年（1931年）冬天，日军侵占宁安，实行法西斯恐怖统治，疯狂掠夺，民不聊生。父亲主持的"东和兴"营业越来越萧条，没过几年就倒闭了。他失业后开了个小铺，依然营业清淡，坚持一年多又倒闭了。后来，他到一家粮栈兼油坊的福满公司当"外柜"（俗称"跑街"），在市面上了解粮油行情，由公司经理决定买进卖出。他作为店员，工资很低。我家日趋贫困。我的同父异母大哥、二哥待我非常亲密，10岁以前，我根本不知道他们是我的同父异母所生，他们高小刚毕业，就被父亲打发出去，到牡丹江市的商家当学徒。我的同父异母大姐，比我大七岁，从小我就跟着她玩耍，互相之间亲密得很，我处处依赖她。不到16岁她就出嫁了。

家庭入不敷出，我母亲克勤克俭过日子。父亲当经理收入富裕时候，舍不得买房子，租房住，总是把钱汇给河北农村老家，父亲很孝顺。河北农村老家有我的爷爷、二爷和叔父一大家子人。不时来信说，农村遭灾，老家生活如何困难。我父亲虽然收入大减，仍得给老家汇钱。为此事，我母亲很为难，常同父亲争吵。

我母亲结婚时，外祖父送给她一头小牛犊，还有一些金银首饰。母亲婚后把这些陪嫁卖了，变成现金。有时贷给农村的娘家亲戚，吃利息；有时买进豆饼、白糖存放，等价格上涨再卖出去。经过十多年苦心经营，居然积攒了三千多元（伪满币）。东北风俗，叫妇女的"贴己钱"，一般不供家用。家庭开支只靠丈夫和男方家族的收入。当年，父亲每月当店员的工资不过30元，只相当小学教员工资的一半。

我父亲刚过50岁，福满公司以年老为由把他辞退了。后来，福满公司有汉奸入股，改称日本名号，叫福满实业株式会社，县商会会长张芳圃既是财东又是经理。这时，我大哥刚从哈尔滨学习商业会计回来。经张芳圃点头，大哥进入福满公司当了会计。

我父亲失业后，往返于宁安和牡丹江市买卖豆腐等豆制品。牡丹江是"九一八"事变后新建城市，是伪满时期的牡丹江省省会，后期改成东满总省省会，日伪机关多，因位于两条铁路线的交接点，商业比较发达。每天早晨，我父亲背着装满豆制品的大竹筐，乘一小时火车到牡丹江，沿街叫卖，或卖给熟悉的商家伙食用，晚上再乘火车回家。小本生意，加上大哥的工资，勉强够全家糊口。

1941年9月22日，我家突然发生天大的灾难。当天早晨，我父亲照例去牡丹江卖豆制品。我大哥奉福满公司之命去牡丹江的商家收取贷款。那天晚上，正赶上有一辆满载汽油的汽车从牡丹江返回宁安，我父亲和大哥同坐在这辆汽车的汽油桶上回家，同行的还有五六个人。汽车开得很快，当行驶到距宁安县城20多华里的温春桥头，后轮车胎突然爆裂，连车带人都猛烈掉到桥下。我大哥年仅21岁，当场毙命。第二天上午，一日本警察不知是有意还是无意，在桥下车祸现场丢了个烟头，结果点燃了流出的汽油，烈火熊熊，我大哥尸体被压在汽油桶下面，烧得面目全非。那天上午，出事现场有不少人。大家把大哥尸体从大火中抢出来，福满员工从大哥衣袋里掏出讨债索取回来的大把货币，已被烧毁大半。丧事过后，我母亲找福满老板张芳圃，交涉大哥的抚恤金。张芳圃立即翻脸，厉声斥责说："他为什么不坐火车？"不仅不给抚恤金，还威胁我家赔偿被烧毁的货币。张芳圃有日伪作后台，又是商会会长，哪惹得起呀！我母亲只好忍气吞声，哭着回来。

我父亲被摔成重伤，当时他被过路的汽车司机送到县医院，不治身亡。我家得知这个噩耗，已经到了深夜。我和母亲到县医院，只见父亲尸体躺在医院大厅的地上，惨不忍睹。

一个家庭，同时惨死两个"顶梁柱"，可怎么生活呀？！那一年，我二哥18岁，在牡丹江当学徒被辞退，找不到工作，被招工到鸡西煤矿当了矿工，同家里失掉联系，音信全无。我家还剩五口人：母亲、大嫂、妹妹（3岁），弟弟（一岁多），我12岁就成了全家唯一的男子汉。

温春桥车祸轰动了宁安县城。远在奉天（沈阳）的《盛京日报》也发表了车祸消息。我的一个表哥在奉天当店员，从报上看到这个消息并提及我大哥的死讯，特写信向我家核实，我才知道报上发表了温春桥车祸消息。

那个年代，苛捐杂税不少。不仅商家税负重，一般住户今天要交挖沟费，明天要交劳工费，勒索不断。我家成了赤贫户，交不起各种税费。我母亲去找张保长，申请免交。这个张保长也知道我家遭受车祸，经他向宁安关街长求情（当年的宁安街相当于今天的镇），答应我家可以免交。我家不交这些税费，但是这些税费就要摊给房东和同院的邻居。为此，我家受尽了邻里的欺负，亲朋的白眼，从1941年到1946年初宁安解放，我家连续搬了三次家，都是被房东赶走的。没有住处，是我家在1945年面临的最大困境。我母亲到范家屯找她的表哥求援，搬到了她表哥在县城的一个破旧不堪、四面透风的危房居住，可以不付房租，但到了冬天，那间房子冷极了。我们把水缸搬到卧室里，水缸的水完全冻成冰坨子，必须用铁锤砸成冰块才能化成水。新中国成立后，我家才搬到较为暖和的住处。

祸不单行，福无双至。在我父亲、大哥去世的第二年春天，趁我母亲下乡去三姨家求援的机会，我大嫂把家里的部分口粮和大哥生前的衣物，送给了邻居。在邻居的帮助下，她抱着三个月的女儿（我大哥的遗腹女）改嫁远走了。我母亲回来，发现米缸的存粮少了一大半，气得捶胸大哭。

不久，我四岁的妹妹和两岁的弟弟同时发高烧，卧床不起。这可怎么办呀？没钱请医生啊！拖了几天，我母亲下决心让我去请医生，医生来看病，认为他俩都是因感冒发高烧引起肺炎，开了点药，但服用后仍不见效。一天下午，我只好再去请医生，我母亲去找偏方，就在我们母子都不在家的时候，我那可怜的弟弟竟死在妹妹的怀抱里了。妹妹才四岁，还不知道什么叫死，怎么叫弟弟也不答应，她抱着弟弟大哭，惊动了邻居。邻居来人，才发现弟弟早已断气。等母亲回家，我也刚刚请来医生，医生听说弟弟已死，没进门就走了。我母亲守着死去的小弟弟，哭了一晚。按当年的习俗，死孩子不能从房门送出，只能从窗户走，而且不能埋葬。我母亲忍痛把弟弟尸体送到西郊草丛中。第三天，母亲去看望，弟弟尸体已经被野狗吃掉，只找到她亲手缝制的小衣服，零乱地散落在草丛中。

弟弟病死，妹妹仍在高烧不退。不知道母亲从哪里找来的偏方，终于治好了妹妹的病。妹妹叫郑淑琴，今年（2013年）已75岁，退休前是北京机械工程企业集团的工程师。

弟弟病逝，我的心头伤痛还没有抚平，我家又发生了意想不到的大难。人总是要吃饭的，我母亲下乡买了60斤玉米面，屯里田姓亲戚用小毛驴驮着玉米面，送我母亲回城。刚到城边，被汉奸警察拦住，硬说我母亲私贩粮食是"经济犯"，给我母亲带上手铐，关进牢房。我得到这个消息，如五雷轰顶，叫天天不应，求人人不理。想救母亲走投无路，可怎么办哪？那年我已入中学念书，我硬着头皮找到学校军事教官——日本少校落石，请他给警察署的日本警察求情，放了我母亲。这位少校对我较客气,但不表态,只说"你走吧"。他究竟帮我办了没有,我不知道,后来也未再找他。约过了半个月,伪满警察押送我母亲等十多个"犯人"去牡丹江法院判刑,我也乘火车跟去了。到了牡丹江法院,我不能进去,只能在门外焦虑地等待。我母亲大概还不够判刑条件,被打了三板子,打手心,放出来了。我陪着母亲乘火车回到家里,已是夜晚时分,孤苦无依的 4 岁妹妹,正在抹泪呢!

我母亲连年遭受重大打击,耳朵聋了,听力越来越差。1991 年在北京病逝,享年 92 岁。

我的少年家事先说到这里吧!

二、伪满时期的学校生活

陈含章: 在当时艰难的环境中,您是如何完成学业的?留下了怎样的教育体验?

郑士德: 近几年,我的记忆力衰退,但小时候的经历仍然较清楚。1931 年"九一八事变",日本侵略东北,我才三周岁。当年冬,宁安被日军占领,日本飞机扔炸弹,我们全家躲进房间的防空洞,我仍有印象。后来,我们家去农村亲戚家逃难,我也记得很清楚。

我是 1928 年 8 月 28 日在宁安出生的。7 岁入县城的西关小学读书。从小学到中学都是受的日本帝国主义奴化教育、殖民地教育。学校教育的目的就是培养亡国奴,把青少年造成服服帖帖的"顺民"。我刚入学,就得学唱伪满的国歌。学校一再告诉你是"满洲国人",如果说自己是中国人,那就是"反满抗日",非被抓起来不可。我在小学读书时,县城里来的日本人越来越多,谁要是对日本人表示不满或者对伪政权有所不满,说了什么

"怪话"，就被抓到日本宪兵队里，灌辣椒水，装在麻袋里摔，摔不死就扔在宪兵队的狗圈里，被凶狗活活咬死。现在，有的电视剧演这历史情节一直讲"中国人"，其实不准确，真要自称中国人，日伪政权早把你抓起来了。另外，当时的伪满洲国警察都穿黄军装，现在电视剧里却穿黑衣服，像现代警察似的，也不对，不符合历史事实。不论小学还是中学，教的中文课本都叫《满语》。小学三年级就得学《日语》，傀儡皇帝溥仪的"访日诏书"，迫使小学生用毛笔抄写，然后背下来。什么"朕自登基以来，亟思恭访日本皇室……"，背不下来，要挨手板。音乐课主要教唱日本歌曲。如日本军歌、歌谣、所谓《纪元二千六百年》的日本赞歌等等。到了中学，上历史课不许讲中国史，而是讲肃慎、渤海、辽、金、……

尽管日伪政权如何向中小学生灌输什么日满亲善，强调什么满洲国人，我们这些小学生仍然清楚自己是中国人。明白知道日本鬼子霸占了我们东三省。他们越说拯救老百姓于"水深火热"之中，我们越感到日本人压迫我们，把我们投入"水深火热"。本来，宁安就是出产大米的地方，但是日本人规定，满洲国老百姓不许吃大米，家里有大米的就是犯罪，只有日本人、朝鲜人和汉奸官吏才能吃大米，老百姓只能吃高粱米、玉米和杂粮，最后几年连粗粮也实行配给制，让你吃橡子面。仅仅这一条就把他们的侵略嘴脸暴露无遗了，所以，他们奴化教育的目的永远达不到。

我在中学时代，同学之间就秘密传说，八路军在热河一带消灭了不少伪军。听说八路军能飞檐走壁，百发百中，把伪满军打得屁滚尿流，同学们高兴极了。当时，并不知道八路军是共产党领导的部队，只知道他们是抗日的。日伪政权搞知识封锁、信息封锁，我们当年的学生不知道共产党、国民党等等政治性概念，对于延安、重庆等地名也无从知道。

陈含章：伪满时期学校的体制是怎样的？学校的数量多吗？

郑士德：伪满的学制是小学四年，叫国民小学。毕业后报考高小（相当于现在的小学五、六年级）称国民优级学校。国民小学毕业，许多小学生就失学了。一是家贫，缴不起学费、书本费，二是全县仅有一所高小，叫"城里国民优级学校"，每年充其量只能考取80名小学生，招考两个班。许多孩子只能失学。高小毕业报考四年制中学。在中学的四个年级里，要把初中、高中课程全部学完。宁安只有一所中学，叫（伪）牡丹江省立宁安国民高等学校，简称宁高，每年春季始业，仅招考80名一年级学生，分两个班。当年，宁安的几个邻县都没有中学。高小毕业后，除报考牡丹江市新成立的牡高和两年制的师道特修科外，许多高小毕业生争相报考宁高。宁高是名牌中学，教学质量高，有些牡丹江市的学生也来报考宁高。报考的学生多很难考取，10个人取一个。

伪满时期的中小学校非常少，学校教育得不到发展。日伪政权实行愚民政策。受教育、学文化的人少，看书的人少，文盲多，便于日本人统治。宁安是文化教育较为发达的地方，只有两家文具店代卖少量书籍。宁安的几个邻县，根本没有卖书的店铺。

陈含章：郑老，您一生卖书、写书，那您当时都读过些什么书？当时市面上都有些什么书？日军对图书销售有没有实行管控？

郑士德：从小学四年级起，我就成了小说迷。记得我读的第一本小说是武侠小说《红梅花》，书中的故事情节把我迷住了，越读越上瘾，有些字不认识，就跳过去，反正上下文能知道什么意思就行了。此后，继续看长篇武侠小说，数十集的《大宋八义》《小八义》《峨眉剑侠传》等等，十分热闹，放学后我就"手不释卷"。这些书不是买的，是租来的。县城有个"天民卦馆"，给人算命，又出租图书。把厚本书拆成薄本，用牛皮纸装上书皮，租看一本一分钱，看完这集再去换下一集。到了高小，我几乎不顾功课，总是向母亲要一角钱，可以连续租10本小说看。家人反对我看这些闲书，不给钱，我就谎说学校要交这个费、那个费，骗来几角钱可以租好多书看。县城已经有了电灯，我家没有，因为拉不起电线。到了晚上伸手不见五指，家里才能点上油灯。我急于看小说，等不到点灯时分，只能借着微弱的月光看书，把眼睛几乎贴到书上了。从那时起视力越来越差，十多年后，我的左眼失明了。到了中学时代，觉得看武侠小说没意思了，就看张恨水的现代小说，看多了又觉得千篇一律，就去租巴金的《家》《春》《秋》、老舍的《骆驼祥子》等等。后来又对鲁迅的书发生兴趣，这些书都是上海等地出版的。伪满时期，奉天（沈阳）、安东（丹东）等地的书店有这些书出售。

伪满傀儡政权和日本宪兵队对出版新书查得很严，设有"出版警察"，只是查书中有没有"反伪满抗日"的内容，书里只要流露出不满情绪，就是"犯罪"。查出这方面的书，出版者、作者、阅读者都被统统抓起来，重者杀头，轻者也得坐牢。对于没有抗日内容、关内上海等地出版的书，听任其盗版售卖。

我所认识的关沫南，曾是伪满时期的作家。在他的作品中隐含有东北抗日联军的活动内容，被"出版警察"逮捕，投入长春（当时叫新京）监狱，受尽酷刑，直到日伪政权垮掉，他才走出牢房。新中国成立后，他被选举为黑龙江省作家协会主席。

陈含章： 您读中学期间，都有哪些至今难忘的事儿？

郑士德： 由于我总是看"闲书"，荒废了功课，高小毕业没考上中学。我母亲托门子找高小校长说情，又让我复读了一年。这对我刺激很大，决心刻苦攻读。放学后，在学校和几位同学复习功课，直到天黑才回家。就在这一年（1941年）9月22日，我家发生车祸，父亲和大哥同时去世。我年纪小，找不到职业，只能靠着母亲的几个贴己钱，继续上学。

1942年初，我第二次考中学，终于考取了。母亲咬紧牙关，说什么也要我上中学，念一天是一天。当年，宁安缺少小学师资，县里又没有师范学校。在我入学的第一学期，伪县公署规定，宁高的中学生，如果毕业后终身同意当小学教员，县公署可以补助学费，每学年发给15元生活补助费。这15元相当于一个学生大半年的最低伙食费。我们班绝大多数同学都不愿意终身当小学教员，只有家庭特别困难的我和另一位家在农村的吴志云同学，到伪县公署教育科签了终身当小学教员的合同，当场领到了1942年的补助费。当时我想，中国、美国正在打日本，你日本人还能统治多久？反正先得到补助费再说。就这样，我读了四年中学。

1942—1945年，郑士德在伪满省立宁安国民高等学校（伪中学四年，初中、高中课程学完）毕业，与同学好友拍照，左立者为郑士德，其他二人均已去世。

我的中学生时代，受尽日本教师的折磨。在宁高的教师中，日本教师约占三分之一，校长是中国人，副校长是日本人，当权的是日本副校长和日本教师。所有的教师不论中国人还是日本人，都得称"某某教官"。日本教官讲课，用日本话。你不懂，他比比画画，在黑板上写几个汉字，也就大体明白了。中学一年级，还有国文课，仍称《满语》，二年级就取消这门课了，主要上《日语》课，背不熟，日本教官就狠狠打你。

日本教官从来没有把我们当学生看待，说打就打。有一次，召集全校学生集合，由于队形没站好，一个名叫阿倍的日本教官用镰刀把子狠狠地打每个学生的头部，全校近400个同学每人至少挨了两下。有的同学用毛巾垫在帽子底下，被阿倍发现，就连打十多次不肯放过。我当然也挨了两下，那个疼呀，钻心的疼。有一次，有个叫牧野的日本教官来我们班上课，不知哪位同学惹了他。他脱下胶鞋，要我们全班同学，排着队走到他面前，用胶鞋底子狠狠地打每个人的嘴巴。我们被打后，每人脸上都留下一个红肿的胶鞋底印痕。我们究竟犯了什么错？谁也说不清楚，这个日本鬼子就是要虐待学生。

日本人很重视军事课，每周有四课时，由日本军事教官落石少校（后升中校）上军事课。有个伪满士官担任助教，上军事课时，每人发三八大盖枪、皮带和子弹盒，不发子弹。学生全副武装进行操练，还讲解如何射击、如何侦查等等。学生听讲，下课后要做笔记，助教按笔记打分。一天夜里，我们全校学生被拉到西山搞军事演习，同学们趴在山坡草丛中昏昏欲睡。教官又领队朝着牡丹江市方向行军。那时年轻，我们一边走路，一边睡。走着走着，被潜伏在沟里的牡丹江中学队伍包围了，我们学校在这次军事演习中算是失败了。有一次，我们全班被拉到县城西郊的西阁风景区上军事课，请照相馆照了幅带枪的军事训练照片，一直保存到现在。

伪满中学的等级观念很强。宁高的学生服，在翻领上都配有金属制成的年级标志，一年级一道杠。还在袖上带有校徽，也标明一年级一道杠，直至四年级四道杠。低年级学生在路上见到高年级学生，必须立正，敬礼。不敬礼，高年级学生可以抓住就打。我在一年级的时候，因疏于敬礼，曾被四年级学生训斥过，万幸未挨打。我熬到了三年级时，在路上遇到一位低年级同学，大概他也是疏忽，未给我敬礼，我也给了他一个耳光，打完了我很后悔。现在，我应该向这位同学道歉！

我在中学读书，很知道要强。因为家贫，又没有父亲，被同学们瞧不起，我也不敢和同学们吵架。偶尔吵架，同学们就嘲笑说："你家摔死两口人，你还损哪？"有时同学们对我表示怜悯，我很反感，我需要尊严，不需要可怜。学校规定必须穿校服，我家没有钱，学校发的校服买不起，我母亲手巧，按校服的样子，包括帽子在内，用手工给我缝了一套，反正都是草绿色的，我穿在身上虽然有差异，也算混过去了，但不时受到同学的嘲笑。家贫、没有父亲、被同学们异样看待，这些压力反而成为我发愤读书的动力，我要在学习成绩上超过他们。

那时，我家搬到西江沿，有了电灯，晚上我总是攻读到深夜。冬天早早起来，冒着零下 20 多度严寒，披上小棉袄，拿个小板凳，到房后的小树林里背书，不仅背课文，还从姥姥家找来老舅留下的一些旧书如《古文释义》等，在雪地里用朗读古文的腔调背熟《滕王阁序》等著名古文，迄今我仍然能背得下来。其中的"老当益壮，宁移白首之心；穷且益坚，不坠青云之志"，给了我很大的激励。那时，我也学习作诗，把自己的习作抄在一个旧笔记本上。在第一页，为勉励自己，我用大字写上"挣扎苦斗待来朝"。

由于下苦功攻读，我的考试名次节节攀升。中学第一学年前期考试，考第三十一名。一年级两个班104人，出同一考试题，统一排名次，我的学习成绩算中等。到年底学期末考试，我考第十六名。二年级前期考第七名、后期考第二名，三年级继续保持第二名。到了四年级（1945年），日本节节败退，日本校长、教官都被抽走当兵去了，学校乱作一团。我们四年级同学都去当了劳工，根本不上课、不考试了。

陈含章：1945年日军战败投降，苏联军队进驻，对您的求学有什么影响？有什么印象深刻的事情？

郑士德：1945年初，学校突然通知我们即将进入四年级的两个班同学紧急集合，因为在寒假期间，包括我在内许多同学未接到通知，只召集到40来人。他们被送到牡丹江的一个日本军营，给日军后勤仓库缝补军鞋。据这些同学介绍，他们穿上日本的白色帆布军衣，受严厉的军事管制，早早起床，坐在小板凳上，整天修理、缝补日本部队退回来的破旧军鞋、军靴。吃不饱，又失去自由，与被抓来的劳工没什么两样。同学们带着亡国恨，在那里做苦役。有时候碰到皮靴只有一只磨破了，同学们把另一只皮靴故意划个大口子，再缝补上。他们就是用这种方式泄恨。日本投降，这40几位同学费尽心机，才从日本军营逃出来。

1945年春季开学，我们四年级两个班合起来还剩下30来人，也不能继续上课了，被送到离县城70多华里的东京城苗圃，为日本人的苗圃干活。那时，日本快完蛋了。我们刚到苗圃时，有个日本头头和一个林业员（职称技佐，中国人），不久，日本头头被调走当"炮灰"去了，只剩这个中国的技术员领着我们干活。他对我们这些中学生还算客气，管得比较松。早上八点到苗圃干活，中午休息，下午四点就收工了。星期六晚上可以乘一小时火车回家，星期天晚上再乘火车回来。我带去不少课外书，刚好利用这段空闲的时间自觉读书，增长知识。

当年（1945年）8月8日苏联对日本宣战，8月15日日本宣布投降，同学们很快得到消息，那位技术员同意我们解散回家。8月15日当天，回宁安的铁路已经不通，过江的铁桥被日军炸毁。我和六七位同学背上小行李，沿着山区小路赶回宁安县城。我带去的很多书，都是我感兴趣的书，没法背回来，只好藏在住宿房间的顶棚上，可惜都丢了。回来的路上，遇到10多个伪军，他们换上便衣散掉了。七十多华里路，我们从早上走到晚上，终于到家了。

第二天，8月16日早九点左右，日本鬼子早就跑得无影无踪了，我突然听到几声吓人的炮声，原来是苏联红军进城了。老百姓高兴极了，从内心里感谢和欢迎苏联红军。从县城的东大街到西大街，挤满了老百姓，夹道欢迎苏联红军队伍。包括我在内，都捧着茶水慰问这支胜利之师。不过，今天可以如实讲，苏联红军纪律很差。本来你感激地送上茶水，他看见你戴着手表或揣着怀表，一下子就给抢走。给茶水不喝，要白酒。这类事情可能只发生几起，但在全城立即传开，造成很坏的影响。

那时，我家租住在西卡子门外的曹家木匠铺后院。苏联红军进驻宁安县城没过几天。一天夜里10点左右，来了两个挎着手枪的苏军，至少是士官，不然怎么会带手枪？进到院内就找女人。我们非常害怕，全家人立即从后窗跳出，逃到后院，这时一苏军也绕到后院，眼看抓到我母亲，我母亲用力一甩手，逃脱了，借着黑夜躲在小树丛中。那个苏军又去抓别的妇女，全院和邻院的几家人都在东逃西躲。我领着6岁的妹妹从后墙跳出去向西，跑到邻近的铁道旁的草丛中藏了一宿。当时，也不知道我母亲逃到何处。第二天早晨，我领着妹妹找母亲。原来，母亲跳墙向东跑了。她同十多个受惊的邻家妇女跑到附近西卡门内，路北的一家大车店，焦急地熬到天亮，正在找我俩。

西卡子门有个苏联兵站岗，很守规矩，其他兵不敢在卡子门内找妇女或抢东西。西卡子门外包括我家在内20来家，不敢在自家住，晚上就在大车店借宿。大车店当时也没有赶车的客人居住，反正空着，房子很大，只有一条铺炕，不供寝具。到了晚上，任凭附近的邻居免费去住。我家有将近半个月不敢在家里住宿，每到晚上就去那里借宿。违纪的苏军毕竟是少数人，但影响巨大。一些十七八岁的大姑娘害怕极了，就把头发剪掉，装扮成男青年。我爱人是佳木斯富锦县人，当年我们隔着数百里，互不认识。听她后来讲，那里的年轻姑娘包括她在内，也把头发剪掉了，装扮成男的。可见，苏联的军纪差不是个别问题。我还曾两次在城郊路上被苏联兵拦住，从我衣袋里搜去仅有的红军票。那时，我们老百姓有一种正统观念，盼望中央军快来，盼望苏军早日撤走，还不知道有共产党。

当年（1945年）9月1日，一些伪满的汉奸、名流组成了宁安县的维持会，伪县长成了维持会会长，伪警察脱了黄军装，换上黑军装，仍然是警察。我们原来的宁高，改制为宁安中学，分高中、初中。原来宁高四年级学生，上高中要考试，考不上的重新念初中三年级。我考上了高中文科，开始学英语，学中国历史。

当年（1945年）年底，学期结束，我在高中文科读书，仍考了第二名。寒假期间（1946年初），八路军进驻宁安，党中央高级干部张闻天来到宁安，做蹲点调查。到这时，宁安县城才真正获得解放。

第二章

初涉出版发行行业

一、我在青年联合会

陈含章：郑老，上一次讲了您的家事和求学时代，这次想请您谈一谈参加革命和进入工作这段历史。您十八岁即开始参加革命，那么您是因什么机缘开始接触到革命事业的？可以详细谈谈吗？

郑士德：1946年初，从山东渡海挺进东北的八路军进驻宁安县城，当年称东北民主联军二支队。与此同时，中共宁安县委会正式成立。为了保密，对外称"宁安县民主大同盟"。不久，改称"宁安县各界联合会"，各界联合会主任即县委书记。各界联合会对外公开活动的机构有：工人联合会、妇女联合会、青年联合会。当时正值寒假期间，经同学叶伦介绍，我认识了青年联合会主任苏北虹。青年联合会是团结青年的群众组织，该会刚刚成立，会员不多，都是我的上下年级同学。经几位同学介绍，苏北虹了解到我的家庭出身贫苦，在中学的学习成绩还不错。母亲指望我尽快找到职业，好挣钱养家糊口，但当年找职业谈何容易！苏北虹答应给我找职业。他说，二支队政治部正在筹办印刷厂，待印刷厂建成，介绍我去做出版校对。他让我先在青年联合会工作，于是我成了青年联合会的会员，不久被选举为青年联合会文艺部部长，主要任务是为青年联合会编辑墙报。

青年联合会主任苏北虹是有一定文化程度的中共地下党员，长期隐蔽在农村。他根据县委指示，编写了《赵一曼》剧本，组织青年联合会会员（进步学生）演出，由他担任导演，扮演主角赵一曼的是女同学孙国钰。苏北虹安排我做后台工作，如移动布景，给演员提供服装、道具等等。当时，该剧在宁安县城公开演出，曾轰动一时，很受老百姓欢迎。我由此开始知道中国共产党领导的东北抗日联军英勇抗战的历史。

我在青年联合会的工作比较积极，起草了青联会墙报的《征稿启事》，用毛笔抄写了三大张，分别张贴在宁安城的大街上。刚开始给青联会墙报投稿的多为二支队的战士，稿件内容是歌颂共产党和民主联军的。各界联合会的会址在宁安城的中心地带——西大街路北，对面路南是著名的"城里国民优级学校（1946年3月，这里改为宁安学院）"。青联会的墙报就张贴在这个学校临街的大门洞里，供过往路人主要是青年学生们阅读。

根据县委部署，1946年3月初，宁安中学（日本投降后1945年9月初组建）改制为宁安学院，实为五年制中学，初中三年，高中二年。共有200多名男、女学生。我因暂时找不到职业，只好继续上学，读高中二年级，同时在青年联合会编墙报。宁安学院的校址改在城里国民优级学校。学院开学初期，主要集中全校学生上大课（政治课），邀请二支队政治部宣教干事解知一同志做政治报告。连续几天，陆续讲解了日本侵略我国的"九一八事变""七七事变"的真实历史；讲蒋介石命令国民党军队如何不准抵抗、节节败退，大半个中国被日寇侵占；讲国民党当权派如何腐败，如何妥协投降；讲共产党在敌后建立根据地，八路军、新四军如何英勇抗战，扩大解放区。二支队解知一同志的几次政治报告，使我们这些十六七岁的中学生茅塞顿开。我们这些饱受日本帝国主义奴化教育的中学生，根本不知道关内的真实抗战情况。"八一五"抗战胜利，东北光复，只是盼"中央军"快来接收，开始只知道当年中国最大的官是蒋介石，但并不知道蒋介石不抵抗，更不知道延安和共产党。我对那几次政治报告，非常信服，它们对我清除"正统"观念起了很大作用。

宁安学院开学后，青年联合会迁入学院，拨出一间房作为青联会墙报编辑部。由我负责编辑墙报，还有两位女同学承担抄清墙报稿的任务。墙报的来稿逐渐增加，投稿的人多为宁安学院的中学生。青联会主任苏北虹有时也帮助我改稿，在来稿中加入一些进步内容，我们也注意了墙报的编排和美化。我们编的墙报10天一期，每期约有20多篇文章，几乎占用了学校大门洞的一面墙壁，每期墙报都吸引了许多同学、行人前来围观。

青联会墙报曾一度遭到一些反动、落后学生的破坏。他们在夜间偷偷把部分墙报撕掉，或者把歌颂共产党的字句划掉。我们发现被撕掉的墙报，立即补上，苏北虹还派人在夜间看守。

1946年初，宁安县委会刚成立，中共中央政治局委员张闻天同志来到宁安蹲点调查，指导县委的工作。青联会主任苏北虹曾主持召开报告会，请张闻天同志做报告，那次报告会我作为听众参加了。当时，听说张闻天是延安来的高级干部，"同毛主席在一起办公！"令我肃然起敬。张闻天主要讲共产党是干什么的，是为老百姓服务的，是代表老百姓利益的。当年抗日战争刚刚胜利，蒋介石集团破坏和平谈判，猖狂挑起内战。张闻天说，全国老百姓主张和平建国，反对打内战，共产党也主张和平，反对内战……他的报告深入浅出，处处说到老百姓的心坎上，讲得很好，对我们这些青年学生很有说服力。这是我第一次接受党的知识教育，留下了深刻印象。

宁安学院开学后，张闻天的夫人刘英经常到学校做青年工作（现在我才知道，当年她是中共宁安县委副书记）。有一次，我正在编写墙报稿。她对我说："听说你爱看书，我借给你两本书，一个星期后，必须还给我。"其中，有一本是翻译苏联的文艺小说《不走正道的安德伦》，该书主要内容是十月革命后苏联组织集体农庄的故事。苏联共产党员安德伦组建集体农庄遭到富农反对，在农民中制造反对安德伦的舆论。实际上安德伦是坚持走社会主义道路的，是走正道的。这本书使我开始了解，在农村建设社会主义，必须把农民组织起来。后来我才知道，这些进步图书，是20世纪30年代由上海的进步出版社出版的，刘英同志经过长途行军从延安带来，用来做青年工作。

二、初涉出版

陈含章：您自己是什么时候开始涉足出版行业的？是偶然还是自己感兴趣主动进入的？是从出版工作的哪个环节开始做起的？

郑士德：1946年4月，二支队政治部筹办的印刷厂正式开业，苏北虹介绍我到印刷厂担任书版校对。这个印刷厂的印刷机和印刷器材是由牡丹江日报社调运过来的，厂长孙沛仁和几位印刷工人也是由牡丹江日报社派来的，该厂直接由东北民主联军二支队政治部领导。政治部出版的《战士报》由该厂印刷，政治部编辑干事张潴涛同志亲自来工厂校对。政治部和牡丹江日报社也安排重印一些进步图书，我负责重印书的校对工作。其中，重印的军事书籍，有《怎样做侦察工作》《怎样做情报工作》，以及几本战地急救的军医书等等，由政治部保卫干事监印，由我校对。他告诉我必须严格保密，凡是保密图书，由保卫干事将原稿和校对一至三校的校对清样统统收回。

牡丹江日报社也安排一些书交印刷厂重排、重印。记忆中由我校对的书有：毛泽东的《农村调查》，郭沫若的《甲申三百年祭》以及介绍马克思主义理论的著作《社会科学概论》《新人生观》，还有由参加二万五千里长征的领导干部集体撰写的《长征故事》等书。其中《农村调查》，是毛主席在江西中央苏区进行的长岗乡调查、才溪乡调查等等一系列文章的合集，书名可能是出版单位拟定的，署名毛泽东著。该书在新中国成立后出版的《毛泽东选集》中没有选入，是中共牡丹江省委为配合即将开展的土地改革运动，布置重印的。

我初涉出版——开始做校对工作，不知道天高地厚。自认为，哎呦，校对有什么？却不知道自己太幼稚，犯了个大错。在《社会科学概论》一书中，有个小标题"封建主义"，排字工人误排成"建封主义"，由于我的疏忽没有校正过来。印了1 000多页，才被印刷工人发现，反映给厂长。厂长指给我看，我立即满脸通红，耳根发烧，这才认识到校对工作不简单，稍一疏忽，就会酿成大错。当年还没有胶版印刷，全都是活版铅印，经印刷工人改正，才继续印刷。由于我的校对错误，损失了1 000多页16开的页子，厂长虽然没有批评我，这个教训却使我终生难忘。由于我家生活十分困难，经政治部批准，我没有实行供给制而是同印刷工人一样实行工资制，按当年的物价折算，我每月的工资是4斗3升玉米。按理我损失的1 000多张书页，应该折价从我的工资中扣除，厂长没有扣发我的工资。我接受这个教训，在此后的校对工作中十分谨慎。按规定，一般重新排印的书稿，校对三次就可以了，可是我不放心，总要校对四次、五次。六十多年过去了，现在我校对文稿或书稿，仍然很谨慎，唯恐出错，几乎像得了神经病，总是担心有些错字自己没有校出来。

在"八一五"日本关东军投降前，日军炸毁了宁安县境内的镜泊湖发电厂，我们印刷厂刚开业时还没有通电。印刷书、报需要用人力摇动印刷机运转。厂长雇佣了四名日本俘虏兵，那时正值炎热的夏季，日本俘虏兵光着膀子摇动16开印刷机的大轮，很费力气，满身大汗，半小时一轮换。这几个日本兵不是白干，而是按当年的劳动力价格，发给工资。在装订车间，还雇了两个日本遗民——女青年，折书页，也按市价发给工资。后来，这几个日本人都按我们党的政策，遣返回国了。

三、参加革命

陈含章：郑老，您是什么时候加入中国共产党的？还记得入党介绍人是谁吗？当时加入中国共产党是一种什么心情？当时的共产党员普遍是什么形象？吃穿用度与一般群众有什么差别吗？

郑士德：在印刷厂，我同编辑《战士报》的张濬涛同志，早在4月初的一次群众大会上就认识了。那次大会设有两个记者席，张濬涛和我都被聘为大会记者，我们两个人坐在记者席上做大会记录。会后，我写了一篇宁安群众集会的消息稿，经张濬涛修改寄给牡丹江日报，很快在报上发表了。从此，我和他成了很要好的朋友，他知道我爱看书，常常借给我书读。其中有一本赵树理的《李有才板话》，我在夜间点着油灯阅读，不小心碰洒了油灯，把书给油污了。这本书是二支队同志们转战千里从山东解放区带到东北，带到宁安的。由于我的过错给油污了，可怎么偿还呀！我以十分抱歉的心情还书时，张濬涛并没有表示不满，可他把这本油污的书还给二支队图书馆时，却"代人受过"，挨了批评。

张濬涛是河北省通县（今北京市通州区）人，比我大两岁，已经是政治上很成熟的共产党人。每当校对工作有闲时，我们两人常常在印刷厂院子的大树下拉家常。他了解我的家庭出身，向我介绍共产主义远景，帮助我分析东北战场的战争形势。那时，从东北战场来看，"敌进我走""敌强我弱"，国民党军已攻占四平，我军主动撤出长春，我主力部队已退至松花江北岸。有几位同学已跑到长春投奔了国民党。张濬涛针对当年某些青年学生的思想问题，多次向我强调：我军是以消灭敌人有生力量为战略目的的。这句话解开了我对八路军为什么"节节撤退"的疑团，激发了革命必胜的信心。"消灭敌人有生力量"这八个字，使我对我军的军事战略有了初步认识。

有一次，张濬涛领来三位政治部的民运干事，年龄同我相仿。我们几个年轻人说说笑笑，很快就熟悉了。他们提议，想到我家里看看。那时，我家住在贫民窟里，住的是四面透风的危房。房里只有一条长长的火炕，分住两家人家。我家用一个木柜在炕上隔开，算是分成两家的墙壁。张濬涛等人亲切地同我母亲谈了谈家常话，就离开了。后来我才清楚，他们几位同志来我家，是调查我的家庭成分。当年了解一个人的阶级成分，只要看看他住的房子就清楚了。不久，张濬涛同我谈话，暗示要把我作为入党的培养对象。

在他的帮助下，我的阶级觉悟逐步提高。那时，中共县委正在领导全县人民开展反奸除霸清算斗争，大快人心。我家的仇人——伪满的汉奸商会会长张芳圃逃跑到南满国民党统治区了，我从内心拥护共产党，虽然我的小资产阶级思想还没有得到清算，但已经下定决心跟党走。

二支队政治部对新成立的印刷厂很重视。在印刷厂开业时，政治部领导同志曾召集全厂工人开会，做动员报告，还邀请全厂同志到政治部吃饭。我记得很清楚，是吃窝窝头，切成片，山东话叫"吃片片"，白菜豆腐汤，我吃得很香。大概这就是当年的会餐了，这从一个侧面也反映了我军政治部机关的艰苦朴素作风。尽管二支队进驻宁安县城的经济条件已经大有改善，但他们绝不大吃大喝。政治部领导为了便于印刷厂同志因公外出（采购印刷材料），还专门发了东北民主联军二支队护照，凭护照乘长途汽车或火车均可免费。

1946年6月，牡丹江省组建军分区，分区政委为李大章（新中国成立初期为四川省长）。二支队奉命调至牡丹江市，成为军分区的基干队伍，二支队政治部并入军分区政治部，但政治部领导的印刷厂没有调走，移交给中共宁安县委领导。在二支队调走的当天，张濬涛交给我一封信，是政治部写给宁安县委书记的信。他告诉我不要拆看，直接交给县委书记。那时的县委书记是郭洪超，尊称郭政委。第二天，我到各界联合会把信交给了郭洪超。原来这是一封介绍我入党的信。可能在二支队调至牡丹江市前，政治部领导同志对我的入党问题，已经同县委书记作了交代。

郭政委接到信后，立即取出一份油印的《入党志愿书》，要我填好后交给他，并嘱咐我注意保密。我回到家中十分兴奋，决心做一个听党的话、跟着党走，把生命交给革命的共产党员。

陈含章：我能想象出您当时激动的心情。虽然当时的形势还不明朗，但看的出来您对加入中国共产党的态度非常坚定。

郑士德：当年的客观条件，也决定我必须跟着党走。4月份以前，我在青年联合会编墙报，虽然政治觉悟不高，但青联会主任苏北虹在稿子中加了不少歌颂共产党的内容，有些同学说我"染色"了（即参加共产党了）。在群众中也不断谣传沈阳、长春等南满的国民党中央军即将攻占宁安。我不能脱离革命，必须跟着党走。第二天，我填好了《入党志愿书》，交给了县委书记郭政委。郭政委在我的《入党志愿书》上批准我为正式党员，并盖上了他的图章。在"入党介绍人"栏，我只写了张濬涛，郭政委又代我填上"宿股长"（政治部宣教股股长）。郭政委说，印刷厂只有厂长孙沛仁和我是党员，还不能组成"党支部"。那时处于战时状态，《入党志愿书》交我自己保存。

陈含章： 加入中国共产党以后，您的工作、生活是否有什么新的变化？1946年7月，您被调到中共牡丹江省委创办的牡丹江日报社，具体是什么岗位？工作调动的原因是什么？是谁调动的？面对工作调动，您心里是怎么想的？牡丹江日报社当时是什么情况，有多少人？

郑士德： 我入党不久（约1946年7月），县委派我到哈尔滨的东北民主联军总部学习密电。郭政委写了封介绍信，要我交给牡丹江军分区政委李大章。县委秘书王鸣村对我说："学习密电就是参军，你不用担心，你家里由县政府照顾。"密电就是机要通讯，学成后由总部分配到各纵队和师一级搞密电工作。

我到了牡丹江，住进军分区招待所，同各县去总部学密电的同志们住在一起，每县一人，均为党员。原来说，总部在哈尔滨，哈尔滨是大城市，我从未去过，很高兴。后来说，局势紧张，总部的一些非战斗机关已迁到东北解放区的大后方佳木斯，我们要到佳木斯学习密电。可是，从牡丹江至佳木斯的铁路被国民党土匪谢文东破坏，我军正在剿匪。我们住在军分区招待所，等了十多天也走不了。我没事干，想去牡丹江日报社看望在报社工作的两位同学。我到报社见到了女同学孙国光（上世纪八十年代在人民日报社工作）。当年牡丹江日报社成立不久，奇缺干部。孙国光向报社社长陈俊介绍了我的情况，陈俊说："报社正缺干部，你到我们报社工作吧！"我当然愿意了。陈社长立即骑上自行车到了军分区，向李大章政委汇报，请他批准让我到报社工作。不到一个小时，陈社长回来对我说："行，你别去学密电了，尽快到报社工作。"

第二天早晨，我们这批学密电的人集合，军分区负责点名的干部点到我的名，要求我出队，告诉我说，你不去佳木斯了，到报社报到。

当年7月，陈俊社长把我和孙沛仁厂长都调到报社工作了。孙沛仁任报社领导的牡丹江印刷厂厂长。这是接收日伪创办的印刷厂，有100多位印刷工人和留用的会计、业务员，印刷设备齐全，除印刷书、报、刊和小学课本外，还接受社会上的零活（各种表格、票据、账册等）。我到报社报到后，开始分配到牡丹江印刷厂任管理员，管理库房的储备用纸、印刷材料和新印出的书刊。印刷工人教我如何识别各种纸张以及如何一五一十地盘点纸张，还教我了解各种印刷材料的质量和用途。由于我天天同印刷工人打交道，我了解了从铸字、拣字、排版、打纸型、上版印刷到装订等印制图书的流程。掌握这些知识，对于我日后从事出版发行工作大有裨益。

我在印刷厂工作不到两个月，又调到报社做通信联络工作。11月份，我被提拔为报社发行科长，负责报社的书、报、刊发行业务（又称业务科），我负责书刊的出版发行工作。发行科还有一位副科长名叫吴少先，负责报纸的广告业务和报纸的征订发行工作。

四、走进书店——牡丹江书店

陈含章：郑老，您在1946年也就是您18岁就已经开始从事出版发行工作了，那么又是什么时候开始进入书店系统工作的呢？您所在的书店有多少店员？您具体负责什么工作？当时书店里主要都卖些什么书？

郑士德：当时报社在牡丹江市西长安街办了个书店，称牡丹

1946—1948年初，东北书店牡丹江分店为地方分店。1948年1月，牡丹江省建制撤销。作为省委机关报——牡丹江日报社同时撤销，在社长带领下去新解放区。长春解放，改为中共长春市委机关报长春新报社。牡丹江分店改为东北书店总店（在哈尔滨）直属分店。图片为牡丹江日报社撤销时照片。图片右数第一人为郑士德（坐在台阶上，未随报社去新解放区），左数第一人（坐在台阶上）为报社社长兼总编辑丁建生。

江书店。报社出版的图书在封面上均标明牡丹江书店印行。社长陈俊派我这个发行科长到牡丹江书店主持工作。早在书店正式开业前，牡丹江日报社就开始出版书籍。二支队政治部印刷厂印刷的绝密书籍除外，一般公开发行的书，也用尚未成立的牡丹江书店名义印行，出版后运到报社印刷厂储存，由报社发行。牡丹江书店正式开业后，才由书店发行。书店离报社党支部较远，离报社印刷厂较近。我的组织关系在报社印刷厂党小组，我每周都要到印刷厂参加党的小组会。

1947年1月，牡丹江书店改制为东北书店牡丹江分店，我被正式任命为牡丹江分店经理。当年的东北书店总店在东北解放区设立的分店有两种：一种是直属分店，分店的人、财、物均由总店直接管理，分店经理由总店派出，如齐齐哈尔分店等；另一种是地方分店，分店的人、财、物由当地省委宣传部或报社领导管理，在业务上由东北书店总店指导。我们牡丹江分店是地方分店，仍由报社领导、管理。

陈含章： 您能介绍一下东北书店总店在当时的情况吗？您在这里都做了哪些工作？有什么难忘的回忆？东北总店领导来店视察后，您对书店的性质、任务是否有了新的认识？书店除了发行，还出版了什么图书？当时的课本发行、农村发行、支店建设情况如何？

郑士德： 在这里，我要把东北书店总店作个简要介绍。东北书店总店是中共中央东北局宣传部直接领导的出版发行机构。抗战胜利，我军进驻东北，1945年11月，东北书店在沈阳成立。不久，随我军主动转移，先后在本溪、海龙、长春等地短暂营业，陆续出版发行图书。1946年6月奉命定址到东北解放区的后方基地——佳木斯，正式定名为东北书店总店，设立编辑部、门市部和佳木斯印刷厂，并派人在哈尔滨、齐齐哈尔设立直属分店。东北书店总店总经理李文（原陕甘宁边区新华书店经理）、副总经理卢鸣谷（新四军报社编辑）。1947年7月，东北战局开始稳定，总店迁至哈尔滨，新增加一位副总经理周保昌（原山东新华书店副经理、东北民主联军总部《自卫报》主编）。1948年10月，我军辽沈战役取得全面胜利，东北书店总店迁至沈阳，设立编辑部、经理部、发行部、秘书处并在沈阳市设立4个直属门市部，在沈阳、长春、哈尔滨设立了印刷厂，并在东北全地区陆续设立205个分支店和100多个分销处。1949年3月，东北局宣传部作出《统一东北书店的决定》，东北书店分支店的人、财、物统一由东北书店总店管理、领导，同时接受当地党委宣传部的领导。1949年7月改名东北新华书店。

从1946年12月到1948年10月底，我在东北书店牡丹江分店（含牡丹江书店）工作了两年，有如下几件事值得回忆：

一是开始明确党的书店工作的性质任务。1946年秋，我觉得干革命还拿工资不光彩，经向社长陈俊申请、批准，我改为供给制。那时正赶上土地改革，我的同父异母二哥，已从鸡西的矿工到鸡西县农村杏花村落户，被选为该村农会主席（又入了党），为了解决我母亲、妹妹的生活困难，我二哥把她们接到杏花村。土改时期，我们全家（包括二哥夫妇、不到1岁的侄女、母亲、妹妹和我共6口人），每人分田7亩，共42亩（鸡西农村属于北大荒，土地较多）由二哥和母亲耕种，这使我改为供给制后，不再给母亲寄钱，解除了后顾之忧。但是，我对做书店工作就是革命工作的认识还不很清楚。

1947年初，牡丹江市电话局印制的电话簿，把我们书店的电话排在商业类。那时，除贸易公司为国营商业外，都是私营商业。由于我的轻商、贱商观念，认为我们书店同私营商业为伍，很不是滋味，"我是干革命的，怎么成了商人啊?!"刚从部队调来书店工作的排级干部——任学先、袁文芳二位同志也闹情绪："不愿当商人，要回部队，到前线打老蒋。"恰在这时，东北书店总店副总经理卢鸣谷来到我们分店视察。我向他汇报分店工作时，电话簿问题反映出自己的轻商思想和不安心书店工作的情绪。

到了晚上，他要我召集全店同志（共8人）在店堂开会。卢鸣谷在会上针对我们的轻商观念和不安心书店工作的思想说："我们共产党为什么要办书店？是为了宣传马列主义毛泽东思想。"他指着书台上陈列的《新民主主义论》《论联合政府》两本书说，这是毛主席著作，能自己跑到群众中去吗？不能，要靠我们发行工作者到群众中去宣传、介绍、努力扩大销售。我们是干什么的？是宣传毛泽东思想的。中国革命离开毛泽东思想就失败，只有掌握了毛泽东思想，才能不断取得胜利，我们书店出版发行毛主席著作和各种进步出版物，是十分重要的革命工作……卢鸣谷的一席话很有鼓舞性和说服力，使我深受教育。迄今已经过去了70年，我仍记得很清楚。卢鸣谷的一席话，奠定了我热爱书店的事业心，诚诚恳恳干了一辈子书店工作。多年的工作实践使我体会到，年轻人参加新华书店工作，首先要对他们进行专业思想教育，只有明确新华书店的性质任务，才能安心书店工作，把自己的金色年华奉献给新华书店、奉献给广大读者。"设使人生能再少，乐作新华卖书郎"，这不是浪漫的诗句，是我这个老新华人的心声。

二是初涉出版，改装封面。我到牡丹江书店工作不久，牡丹江日报社来了一位副社长——杨廷宾，主持报社党支部工作和行政工作。他是从延安解放社（党中央出版机构）调来的，在延安解放社负责美编工作和封面设计。牡丹江分店由杨副社长直接领导，我到报社请示汇报工作就直接找杨副社长，他还负责组稿、编辑新书，交代我们书店办理出版发行等具体业务。

我在印刷厂工作的时间不长，却对新书的印制流程有所了解，并同印刷工人和印刷厂业务人员很熟悉。我和他们学会了如何计算书籍的印刷成本，比如一本30万字的书稿，印3 000册，需要多少令纸张，纸价若干，又需要多少拣字工、排版工、印刷工、装订工，共需多少工价和印刷管理费，我都了如指掌。因此，杨副社长交办的书稿，我到报社印刷厂付印时，为了书籍的出厂价，常常同业务员（人称老吴头）争执得面红耳赤。我代表书店利益一分不让，掌握了新书的印制成本，再加上发行折扣就构成了一本新书的定价。

以牡丹江书店以及东北书店牡丹江分店名义印行的图书前前后后有 30 多种，其中《杨贵香鼓词》《红色鹰形地带》（延安新诗集）等书，为书价问题我同印厂老吴头争执得最凶。在党的小组会上，厂长孙沛仁等同志曾批评过我，认为我有"本位主义"。我不服气，又同厂长孙沛仁同志争吵起来。从此，我们两人的亲密关系闹翻了。

党的七大被选举为中央政治局委员的张闻天同志在 1946 年春天，曾在牡丹江工作过。他将自己的著作《中国现代革命运动史》（曾在延安出版，部分章节由他主编），略做修订，交牡丹江日报社以牡丹江书店印行名义重新出版。当时书店尚未开业，只用薄牛皮纸作封面，印上黑色铅字的书名，未能引起读者注意，在印刷厂库房积压了三千册。我在宁安校对过的《社会科学概论》，也因不注意封面设计积压了近 3 000 册。

1947 年初，我们改制为东北书店牡丹江分店后，除发行本版书外，还进销东北书店总店的书刊以及哈尔滨光华书店（即生活、读书、新知三联书店）的书刊。这两家的新书，都很注重封面设计，尤其是光华书店版，不仅封面用纸好，设计也很漂亮，销路看好。我向杨副社长建议，重新改换《中国现代革命运动史》封面。杨副社长立即赞同，并表示自己设计封面。用最好的道林纸作封面纸，新设计的封面只用两色显出三色效果，朴素大方又很美观。改换封面后，销路大增，哈尔滨、齐齐哈尔、北安等地书店也纷纷添进，不到两个月这本书全部销光。我尝到了甜头，又请杨副社长重新设计了《社会科学概论》的封面，该书改换新封面后，也很快销光。从此，我体会到一本书的封面是"无声推销员"，封面设计千万不可马虎了事。

1946年初，中共牡丹江省委领导的牡丹江日报社，开设牡丹江书店。1947年在业务上接受东北书店总店领导，改名东北书店牡丹江分店，负责领导十四个县支店。

三是搬迁新址，扩大发行业务。牡丹江书店开业时，只有三名工作人员，门面很小，两间平房，书台陈列的图书不多。书店离牡丹江市政府很近，市长卞伯明同志很喜欢书，经常来书店看书。一来二去，我们书店营业员同他熟识。有一次，卞市长又来书店看书，我们请他拨给书店大一点的门面。卞市长只是微笑，没有表态。过了一个星期，卞市长又来书店看书，他告诉我们，牡丹江市东长安街有一栋四开间的二层楼房（原敌伪产业）拨给书店，以后还可以再扩大四开间给我们。

我们高兴极了，立即搬迁。楼下作门市部，二楼办公兼职工宿舍，杨副社长亲自给我们设计了东北书店牡丹江分店的招牌，非常大气，明显醒目。我们又请人绘制了毛主席、朱德总司令和林彪的大型彩色画像，高高悬在店招之上。在楼顶又用毛体字设置了"为人民服务"的五块标语牌。还在书店门前的人行道边设置了大型黑板报，用来宣传"每周新书"。由于书店门面设计得好，成了全市商业街的地标。

我们经营的图书品种也日益丰富，陈列在几个大型书台上，用小玻璃座标明最近新书、政治、文艺、文化教育等分类标识，还配置两面玻璃书柜，陈列图书。书柜顶部设立朱总司令号召"人人有书读"和高尔基"爱好书籍吧，这是知识的源泉"横幅标语。由于书店的销路增加业务扩大，我们从报社、部队和联合中学陆续调来一些人员，书店搬迁后全店共有 15 名工作人员。

我们书店搬迁新址的门面刚刚布置好，中共牡丹江省委宣传部的两位科长来书店找我说：毛主席和朱总司令的画像可以悬挂，林彪的画像不要挂。他们没有说原因就走了，我们奉命把林彪画像取了下来。当年我所以挂林彪画像是根据《东北民主联军军歌》，其中有句歌词："跟着毛泽东、跟着朱德、跟着林彪把解放的旗帜插到长白山上、插到松花江边、插到兴安岭、插到山海关。……"不久，这首军歌也被停唱了。现在我才明白，林彪仅仅是东北民主联军司令员，不是党的领袖，不能与毛主席、朱总司令并列。

当年，牡丹江分店与牡丹江日报社是一家，该报报头两边的空白版面，几乎被我们书店霸占了，用来刊登新书广告。报社不收书店广告费。有些刚到的新书，在报上刊登广告卖得特别快。我还写了一篇书评。经报社副刊编辑关沫南修改，以《伟大的杨靖宇将军》为题，在牡丹江日报第四版发表了，这是我第一次在报上发表文章，也促进了这本书的销售。

第四件是教科书发行与发行网建设。在抗日根据地以及后来的解放区，不能用国民党的教科书，只能由人民政府自己编写教科书交当地新华书店出版发行。教科书的发行量大，收入颇丰，这也是各解放区新华书店得以生存和发展的一个重要条件。1947年，牡丹江省的教科书是由省教育厅编写和主持出版的，只有小学课本的课文、算术、常识三种书，交我们牡丹江分店发行。当年春天，我们的县级书店很少，所以春季教科书由省教育厅通知各县教育科，按学生人数到牡丹江分店领取。我们分店也给各县教育科发信，请先将各科教科书的需要数报给我们，以便加以汇总，确定三种小学课本的印数。结果，各县教育科报来的需要数多，实际来交款取书时却大打折扣。我们分店第一次发行教科书没有发行好，造成积压。原因是各县教育科人手少，并未调查统计各校的学生人数。例如，宁安县是牡丹江省最大的县，留在县政府坚持工作的只有7个人，其他人都下乡搞土地改革去了。

我们总结这个教训，认为必须建立、健全各县支店，在大集镇建立分销处，这不仅有利于教科书发行，也有利于扩大一般图书的销售。1947年春季，课本发行后，我的工作重点就是到各县找县长或县委宣传部，在他们的支持下建立县支店。县支店有三种类型：一是由分店派经理，出资金，称直属支店；二是由当地县委宣传部或县政府派人，出资金，称地方支店；三是由当地县政府物色两三个老年人，自筹资金，自负盈亏，称私办公助支店。这三种类型的县支店统一由我们分店发给图书，属于寄销，卖完了再给分店还书款，卖不掉可以退货，售缺了可以向分店添进。因发的册数少，基本卖掉，很少退货。县支店的房屋、设备多由县政府代找。因各县解放不久，县支店的铺面房都在较为繁华的市区中心。1948年初，全国战争形势发展很快，新解放区不断扩大，牡丹江省建制撤销，大批干部支援新区，牡丹江日报也随之撤销，整建制开往新解放区办报。我们牡丹江分店不能撤销，改为直属分店，人、财、物统一由哈尔滨的东北书店总店领导、管理。在政治上由牡丹江市委宣传部领导，我的党员组织关系也划到市委宣传部，我经常向市委宣传部长许法同志请示汇报工作。

秋季教科书发行排名第一。1948年秋，纸张涨价三倍，出版发行秋季教科书，如果不能及时收回印制成本则将严重亏损。为此，东北书店总店于1948年6月，在哈尔滨召开分店经理会议，到会的分店经理有齐齐哈尔、佳木斯、吉林、牡丹江、北安、辽北（白城子）等10人。东北局宣传部副部长郭述申到会，强调发行好秋季教科书和冬季图书下乡两个中心议题。总店总经理李文对这两个中心工作又做了具体部署。我参加会议回来，立即召开12个支店经理会议，总结春季教科书发行工作的经验教训，对如何发行好秋季教科书做了安排，强调要加快教科书的收款工作，并组织各支店开展竞赛。支店会议后我对秋季教科书发行工作抓得很紧，每天用电话了解各支店对教科书的调查统计和收款、发书情况。五林、东安等支店通过县教育科，发动各学校学生集体劳动，如淘金、捕鱼、割草等，筹集购买教科书的资金，全校学生不仅买齐了教科书，还解决了学费等问题。我及时把这个经验向其他支店介绍。结果，秋季教科书发行得非常好，不仅及时满足了各校需要，还迅速结齐了书款。我们分店每天收到各支店汇来的课本书款，当天就汇给哈尔滨总店。结果，我们牡丹江分店汇给哈尔滨总店的教科书书款最快，应交款2.32亿元实交2.36亿元（东北币），多交的4 000万元是发给我们的折扣款，我们也如数交上去了。周保昌副总经理打电话要我总结收款经验，我写了《牡丹江分店是怎样完成收款任务的》，刊于1948

年 10 月 6 日出版的《业务通讯》（东北书店总店内部刊物）上，这期刊物上还公布了《各分店教科书发行与交款统计》，牡丹江分店名列交款第一。

五、在东北书店合江省分店

陈含章：您这一段经历，对我们了解当时县级书店的建立非常具有历史参考价值。当时扩大基层发行网点的做法和一些制度，即使是拿到今天，也有极大的借鉴意义。

郑士德：1948 年 10 月底，我被调到佳木斯，任东北书店合江省分店经理。当年，调动工作的手续很简单，哈尔滨东北书店总店副总经理卢鸣谷给我打了个长途电话，要求我接电话后三日内到达佳木斯。

1948 年 10 月，东北书店牡丹江分店全体干部欢送郑士德（前排右数第三人）赴佳木斯市，任东北书店合江分店（又称佳木斯分店）经理。

我是 1948 年 10 月底到达佳木斯市的。当年东北书店合江省分店经理是抗日老干部黄巨清（20 世纪 80 年代任上海新华书店经理），他向我交代完工作就回哈尔滨东北书店总店报到了。合江省分店又称佳木斯分店，承担佳木斯市图书发行工作的同时，又负责合江省的发行工作，合江全省建立了17个县支店。

1948年，佳木斯市，东北书店合江省分店外景，一层为书店门市部、批发部，二层为分店办公室和职工宿舍。1949年7月1日，经中宣部批准，东北书店改名新华书店。

合江分店有八开间二层楼房，还有较大的后院和储存图书的库房。我在合江分店工作了6个月，1949年4月调哈尔滨工作。我在佳木斯工作期间，有两件事给我留下了深刻印象。

一是中共合江省委宣传部对书店工作非常重视。省委宣传部部长李长青是北平"一二·九运动"的领导人之一，1945年8月抗战胜利，随我军最早到达沈阳，创办中共中央东北局机关报《东北日报》，任社长。当年沈阳的东北书店，实际是他亲手创办的，书店和报社是一家。后来他调任合江省委常委、宣传部长，他的夫人范自修就安排在合江分店门市部工作。读者来合江分店购书，先由范自修把书名写在发票上并计算书价，请读者凭发票到门市部收款处交款。合江分店大多数工作人员都很年轻，不到二十岁，只有范自修41岁，我们都叫她范老太太。在合江分店二楼安排一个房间，李长青部长和夫人范自修以及上小学的女儿就住在这个不到16平方米的房间里。我经常利用晚上时间向李长青部长请示汇报工作。

我写了一个《东北书店合江省分店一九四八年工作总结》，上报合江省委宣传部和哈尔滨总店。李部长批示《合江日报》全文刊登。佳木斯的冬天长达五个多月，是图书下乡的极好季节。为了指导全省各县支店的图书下乡工作，我编了《合江分店通讯》（油印刊物），主要内容是介绍各县支店冬季下乡情况、经验以及指导性评论，每周一期，发给各支店，抄报省委宣传部和哈尔滨总店。为了编写这个小刊物，我每天晚上都熬夜到11点多钟才休息。李长青部长把这个刊物发表的图书下乡内容批示给《合江日报》社长毛星同志，让他在报上发表。毛星从每期内容中摘编了一个整版，以《合江东北书店图书下乡受欢迎》为题，在该报第四版发表。事有凑巧，毛星同志于1950年调任东北书店总店副总经理兼编辑部总编辑，他曾经同我谈起合江分店图书下乡的事。

1949年1—2月，《合江日报》先后用两个版面宣传合江分店，扩大了我们书店的社会影响，也引起了各县领导同志对支店工作的重视。迄今，这两期报纸我仍保存着。

位于松花江下游的富锦县较为富裕，是合江省鱼米之乡的大县，县支店图书下乡工作也做得很好。1948年冬天，富锦支店经理董俊给我来长途电话说：支店收取的课本款被县政府抽走搞副业生产了；董俊也被平调到其他单位工作了。我立即向省委宣传部副部长富振声（上世纪六十年代，任吉林省委书记）汇报。富部长听了我的汇报，对富锦县的做法很恼火，立即给富锦县委打长途电话，要求：县政府抽走的资金必须退给支店；调走的董俊必须调回支店，仍任经理。不久，富锦县政府把资金和干部都退给支店。董俊同志比我大两岁，中学毕业，工作能力很强。1952年调到沈阳，任新华书店东北总书店图书发行部进货科科长。1988年从辽宁省新华书店办公室主任的岗位退休，主编《辽宁省图书发行志》，正式出版，获得好评。

二是开创了图书下乡新局面。北满解放区的冬季比较长，经过土地改革，农民的生产积极性高涨，1947—1948年合江全省农业生产获得大丰收。广大农民在政治上翻身的同时也要求文化翻身。我们党因势利导，在农村开展了冬季扫盲活动，许多青年农民特别是年轻妇女纷纷上冬学，在春节前后农村的文艺演唱活动开展得热火朝天。为了满足翻身农民的文化需要，东北局宣传部指示东北书店总店大力开展图书下乡活动。1948年11月初，东北书店总店召开分店经理会议，对冬季图书下乡工作做了具体部署。我参加这次会议回到佳木斯，立即召开支店会议，布置全省支店把冬季图书下乡作为中心任务并要求支店经理带头下乡，在农村的各区组织分销处，组织老实可靠的私商到各村屯售书；组织各区的学生队（中学生、高小学生）下乡宣传，销售图书。

这次支店会议是在合江分店二楼的客房召开的，全省17位支店经理都带着小行李卷来参加会议。在分店的客房搭上铺板，大家把行李卷铺开，晚上就睡在通铺上，白天大家又坐在铺板上开会。佳木斯市位于松花江畔，盛产鱼类，吃上几次炖鱼加上大米饭，算是会议改善伙食。

我在合江分店只工作了半年，可以说全身心都投入图书下乡方面了。当年，农民手里有粮食，缺少现金，青年农民想买书，手头没有现钱。我到鹤立支店了解他们的图书下乡情况，鹤立支店经理王大福向我汇报说，他们下乡可以拿粮食换书，一碗粮食可以换一本书（主要是冬学课本、农家历、年画、歌本、唱本、小剧本等等）。鹤立支店下乡已收了几担粮食，然后把粮食送到县粮食局再换成现金，我向各支店推广了鹤立支店用图书换粮食的经验。汤原支店经理金汤下乡，组织青年妇女合伙买书，提倡"买一本、看百本"，你买这本书，他买那本书，大家轮流着看。这个合伙买书的做法，后来就演变成了"农村小型图书室"。我推广了汤原支店建立"农村小型图书室"的经验，即"买一本、看百本"的经验。富锦支店经理董俊在各区组织分销处、组织学生队下乡的经验很成功，我也向全省支店推广。

陈含章：政府现在也在做图书下乡工作，现在农村都建了农家书屋了。下乡非常辛苦，郑老您经常下乡吗？

郑士德：为了推动各县支店下乡，推广汤原、鹤立、富锦等支店的下乡经验，我也经常下乡。有一次，我在下乡途中遇到了暴风雪，当地人叫"刮烟炮儿"。风雪交加让人喘不出气，看不清路。我只穿了一身棉衣棉裤，根本没有棉大衣，冻得浑身麻木。顶风雪走到集贤县支店已经到了晚上，我被冻感冒了。支店同志给我一碗热气腾腾的姜糖水，喝完倒头便睡。那时我刚满20岁身强力壮，第二天起床感冒好啦，又随着支店韩经理下乡了。韩经理在下乡途中向我介绍说，在下乡路上遇到"烟炮儿"天气，经常冻死人，人们迎着暴风雪走着走着就冻晕了。走路人出现一种幻觉，认为路边有一个燃烧很旺的炭火盆，于是坐下来敞开胸怀烤火，结果被冻死了。集贤支店同志认为我很幸运，终于走到支店，没有出现幻觉。这是我有生以来，第一次遇到"烟炮儿"，这次下乡快七十年了，依然给我留下深刻印象。那次我原想经过集贤县，再转乘公共汽车去富锦县支店，了解他们组建学生队下乡和分销处下乡的情况,因大雪封路汽车停驶,只好作罢,没有去富锦。

陈含章：东北的冬季太冷了,零下二三十度是常态,农村图书发行工作真是非常艰苦!不过农村还是很有市场的,尤其是春节期间。

郑士德：是的。冬季图书下乡,大体可以分成三个阶段：(1) 从 1948 年 10 月到 1949 年 1 月初,以发行冬学课本、识字课本、庄农杂志等为主,多数村屯都建立了冬学,到各屯先找冬学教师,请他们预订冬学课本等书,或帮助书店同志宣传推销这些书；(2) 春节前,以下乡销售年画、历书、领袖像、《翻身乐》杂志为主；(3) 春节期间以及二三月份,以宣传销售春节演唱材料为主,如革命歌曲集、秧歌剧、小唱本、剧本等等。农村的购买对象主要是青年、教师和学生,没有现钱可以用一碗粮食换一本小册子、年画、冬学课本等等,汤原、依兰、鹤立等支店均收粮七八石。兴山是煤矿区,兴山支店主要把图书送到矿区,仅《翻身乐》杂志每期就发行 200 多册。

东北书店总店出版了内部刊物《业务通讯》,铅印 16 开本,每月一期,除报道总店出版情况外,主要介绍各分支店的发行工作经验。1948 年下半年,《业务通讯》主要介绍分支店的图下乡工作经验。我们《合江分店通讯》（油印）有关图书下乡的情况和经验以及小言论,基本上都被《业务通讯》摘编发表。

六、在东北书店哈尔滨分店

陈含章：1948 年辽阳战役胜利结束,东北全境解放,沈阳市军管会主任陈云亲自将沈阳市马路弯的办公楼批给东北书店使用,军管会副主任张学思（张学良之弟）亲自动员东北电业局,从该楼撤出。由此可见，当局对书店建设非常重视。在当时，有没有涉及对国民党的新闻出版发行机构的接管？您后来又被调任东北书店哈尔滨分店经理，这次又是谁调动的？对您有什么影响？和您一起调动的还有些什么人？

郑士德： 1948年秋、冬，经过辽沈战役沈阳解放，副总经理卢鸣谷率领书店小分队，在沈阳解放的第二天进入沈阳，以沈阳军管会的名义接收了国民党在沈阳的出版、印刷、发行机构。经沈阳市军管会主任陈云批准，占用了沈阳商业区马路湾5 000平方米的V型大楼。1949年1月，东北书店总店从哈尔滨道里地段街迁回沈阳，地段街门市部和留守人员，改制为东北书店哈尔滨分店。1949年第一季度由总店副总经理周保昌主持留守工作，当年4月，我调任哈尔滨分店（又称松江省分店）经理。

我到哈尔滨后，周保昌同志带领我到哈尔滨南岗的东北局留守处接上了党组织关系。留守处负责人是一位女同志，周保昌同志在延安工作时就同这位女同志很熟，她待人热情，留我们吃了午饭，给我一本"东北民主联军松江支队护照"。那时，东北民主联军已更名东北人民解放军，又称第四野战军。因护照是过去铅印的，所以名称还没有改，松江支队即东北局，凭这个护照，到外地公出，沿途关卡可以放行，免费住招待所，免票乘火车。

周保昌给我接上组织关系后就回沈阳总店了。不久，东北局留守处撤销，我的组织关系转到中共哈尔滨市委。那时，哈尔滨分店包括我在内有4名党员，生活、读书、新知书店在哈尔滨创办的光华书店（经理沈汇）有3名党员。市委组织部把我们两个书店的7名党员组成一个支部，指定我为支部书记，称东北书店支部。后来，我们这个支部转交中共道里区委领导，区委书记曾找我谈话，了解书店支部的党员情况。

1949年7月新华书店哈尔滨分店。

陈含章：东北书店是在什么时候统一改称为新华书店的？改称后，书店的经营范围是否有变化？

郑士德：1949年7月1日，东北书店经中宣部批准，改称新华书店。我们哈尔滨书店改称新华书店哈尔滨分店（又称新华书店松江省分店）。当年的分店机构比较精简，只有一个经理，没有副经理，我调哈尔滨分店任经理。分店内部机构设：门市股、会计股、支店股（即批发股）、邮购股、总务股、服务股。我以前在牡丹江、佳木斯分店工作都是十几个人的书店，哈尔滨分店有七十多人。绝大多数人员是同我年龄相仿的中学毕业生，年纪最大的崔庭枢才27岁，能不能服我啊？我很担心。当时决策会议是由各股股长参加的店务会议，我团结各股股长，发扬民主，许多决策都靠大家讨论，一讨论我就清楚了，就决策。因为你是虚心对待人家，一开始人家可能觉得你年轻，（当年我20岁）可能会不服，但没有架子处处虚心，同大家打成一片，决策服人，逐渐树立领导威信。那时，哈尔滨分店人员的年龄都在20岁上下，一群青年男女都没有成家,继承八路军传统实行半军事化集体生活,都住在书店里。早晨铃响起床整队集合,书店附近有一个球场,排队到球场做早操,然后做扔手绢游戏,或学唱革命歌曲。这群年轻人喜笑颜开,真是朝气蓬勃啊。晚上组织学习或加班工作,外出要请假。周末由我主持召开生活检讨会,开展批评或表扬,大家七嘴八舌提意见,最后由我总结,以表扬为主,发动大家鼓掌散会。

哈尔滨分店负责哈尔滨市的图书供应,又负责领导40多个县支店。我们是靠大家讨论,共同决策,那时候做工作真是兢兢业业。

陈含章:在此之前,东北书店作出了《统一东北书店的决定》,您当时对这一决定有什么看法?

郑士德:1948年12月东北全区解放,东北书店总店作为中共中央东北宣传部的出版发行机构,总经理、副总经理参加宣传部部务会议。1949年3月,东北局宣传部作出《统一东北书店的决定》,东北书店各分支店的人、财、物统一由东北书店总店管理。市、县委宣传部在政治上加强领导,各分支店要及时向宣传部报告工作。现在看来,这个《决定》非常必要。为什么要统一?因为不统一,有的地方就把县支店当成生产单位,生产单位就是赚了钱得给当地政府,县支店干部调动频繁,有的地方领导干部随意从支店取书。这个《决定》就决定了地方上不得从支店抽调资金,不能够把书店当成生产单位,地方上也不能随便到书店取书,统一规定人、财、物都归东北书店总店领导、管理,业务上统一有好处。各大行政区的新华书店新中国成立后才统一。

地方党委宣传部在政治上要加强领导,分支店要定期向党委宣传部汇报请示工作。实践证明,分支店统一以后更注重图书下乡，出版发行结合得更紧密，书刊销售量大幅度增长。当年，中央非常强调经济统一，不仅新华书店要统一，邮局也是统一的，银行是统一的，铁路是统一的，出版社是集中生产由书店系统向全国辐射，所以也需要统一。现在，北京的一些出版集团发行上不去，因为下面没"腿"，新华书店不归你管，你这边出书质量再好却不被各地新华书店重视，竞争不过各省出版集团。因为各省、市、县新华书店这个主渠道由各省出版集团领导、管理，各省的新华书店必须完成省版书销售指标，对中央版书称外版书，没有"指标任务"。所以，有些重要著作、中央文献、学术著作，完全市场化不行，需要统一审核、指导。这仅仅是我个人的观点。

七、毛主席与我握手

陈含章：1949年10月1日新中国成立，在临近这一伟大时刻的前夕，您都有哪些记忆深刻的见闻？在这前后新华书店系统发生了哪些重要的事件，产生了什么重要的影响？您是否参加了全国新华书店出版工作会议，有什么印象深刻的事情发生？

郑士德：我在哈尔滨分店工作时期有几件事值得回忆：一件是更换名称，东北书店于1949年7月1日统一改称新华书店；第二件事是贯彻"党的七届二中全会"精神。1949年初，党中央在西柏坡开会，决定党的工作重心从农村转移到城市。东北局宣传部指示新华书店：工业城市要以城市为主，各县书店要城乡并重。哈尔滨是大城市，哈尔滨分店要侧重为工业建设服务。为此，我们建立了城市流动供应组，由王堃任组长，配备4个人，都是精兵强将，跑工厂主动向各工厂宣传供应图书，主要是科技书，有时我也跟着下去，我去过新建的量具刃具厂，向该厂介绍科技书很受欢迎。1949年，我国工业还没有发展起来，全市最大的工厂有铁路工厂、毛纺织厂等等。各工厂需要什么书，我们都直接给送去。城市流动供应组还主动向文化馆、大中小学、医院等单位宣传推荐图书，可以说，在全国新华书店，哈尔滨分店是最早建立城市流动供应组的。

第三件事是为平津等新解放区募集图书。在东北各省市分店中，为平津等新解放区募集图书，哈尔滨分店募集的最多，我们就靠流动供应组这几个人。他们同有关单位熟悉，公关工作做得好，他们找剧团、找文化馆，给我们出人力，组建音乐队，也请了一批中学生，在繁华街区扭秧歌，还请相声演员说相声，大张旗鼓宣传募集书刊，我们募集的两万多册书籍由沈阳东北总店赠送给新解放区的公共图书馆以及大学图书馆，很受欢迎。

1949年5月，东北书店哈尔滨分店出动宣传彩车，敲锣打鼓为新解放区募集书刊。

为新解放区募集书刊，是沈阳的东北新华书店总店部署东北全区新华书店开展的，同时得到关内各省市新华书店的大力支持。当年，东北书店（后改称新华书店）知名度很高，哈尔滨分店得到市电车公司的支持，离我们分店最近的是道里地段街电车

哈尔滨分店募书宣传分队走上街头。

站,为了扩大书店的知名度改称"新华书店站",这是道里区到道外区很重要的通道。后来长春重庆路、沈阳马路湾的电车站,都改称新华书店站。这是不花钱的长期广告,对扩大新华书店的知名度、美誉度大有好处。

第四件事是参加全国新华书店出版工作会议。主办单位是中共中央宣传部,由中宣部出版委员会具体筹备。开会时间是1949年10月3日,开会地址在北京东城区东总布胡同10号,即出版委员会所在地,会议主题是统一全国新华书店。会议正式代表74人,分成华北、华东、东北、华中、西北、三联书店6个代表团。我作为东北代表团的9位代表之一,参加了这个划时代的出版会议。毛主席为会议题词:认真作好出版工作,朱德总司令为会议题词:出版会议,加强领导,力求进步。新华书店总编辑胡愈之(首任出版总署署长)主持此次会议的开幕式,朱总司令到会讲话,中央宣传部部长陆定一、副部长胡乔木、陈伯达先后在大会上讲话。大会强调要认真作好出版工作,出版工作方针是全心全意为人民服务。会议讨论通过了

《关于统一全国新华书店的决定》草案及编辑、印刷、发行等业务工作附件。

1949年10月3日，中央新闻电影记录片为全国新华书店出版会议拍摄的一个镜头。前排左数第二人为东北新华书店代表团9人代表之一郑士德（新华书店哈尔滨分店经理）。

陈含章：从历史上来看，《关于统一全国新华书店的决定》解决了当时新华书店各地分散经营的状况，是确立全国新华书店一盘棋的奠基性文件。据说在这次会上，毛主席还与您握手了？当时的心情是怎样的，能跟我们详细讲讲吗？

郑士德：会议最后一天——10月18日晚7时，毛主席在中南海颐年堂接见了出版会议的正式代表。在陆定一、胡愈之陪同和介绍下，毛主席同与会代表一一握手。华中新华书店印刷部主任倪康华才30岁，却留了很长的胡须。毛主席同他握手时风趣地说："你这么老啦？"引起大家一片笑声！毛主席同东北新华书店总经理李文握手时说："国民党有个将军也叫李文。"当点到我的名字和职务，我走向前去，毛主席紧紧地握着我的手，又略微向胸前提了一下，微笑着对我说："噢！青年团员？"我激动极了，涨红了脸，腼腆地答不出话来，代表们又发出一阵笑声。那一年我 21 岁，是共产党员，在全体代表中年龄最小。不过，多数代表也不过 30 岁左右。

我们从中南海乘车回到出版委员会住址，已经晚上 8 点多钟，大家兴奋极了，相互回忆毛主席接见代表们的每一个细节。新中国刚刚成立，百业待兴，蒋介石的残兵败将还在四川等地作垂死挣扎。毛主席日理万机，十分繁忙，仍然挤出时间接见我们全体代表。这是以毛主席为首的党中央对出版工作的高度重视，也是对全国新华书店员工的亲切关怀和鼓励。第二天——10 月 19 日的《人民日报》，在头版显著位置发表了《新华书店出版会议代表晋谒毛主席》的消息。10 月 21 日《人民日报》以《出版会议的收获》为题发表了社论。

时间已经过去了 60 多年，今天回忆起来，这次会议在我国出版史上以及新华书店的店史上，都具有里程碑意义。

第三章

在东北新华书店

一、关于发行的几项工作

陈含章： 郑老，1950年至1954年，您在东北新华书店工作了大约4年时间，同时也正是"抗美援朝"和"三反""五反"运动时期。这次访谈，想请您详细讲讲这一阶段您在书店的主要工作和个人发展的情况。

郑士德： 好的，我先讲讲我在东北新华书店和总分店发行部的几件工作。1950年4月，我从哈尔滨调沈阳到东北新华书店发行部工作。那时还没有实行编、印、发分工，东北新华书店有编辑部、出版部、发行部、审计部、秘书处，部（处）下设科、组，还有三个直属印刷厂，一个造纸厂。

发行部主任由副总经理周保昌兼任，周保昌得了肺结核，在大连住院治疗、休养。发行部有两位秘书，一位是张伟（老干部）由东北日报报社调来，另一位是我，但领导排名我在前，他在后。发行部秘书相当于秘书长，直接领导发行部的各个科和沈阳市三个门市部。

1951年2月，根据中央关于出版工作实行分工专业化的指示精神，东北新华书店一分为三，以编辑部、出版部为基础成立东北人民出版社；为加强对沈阳、长春、哈尔滨三个直属印刷厂的领导，成立了东北新华印刷厂管理处，简称东北新华印管处；以发行部为基础成立新华书店东北总分店，由出版总署所署的新华书店总店领导管理。东北总分店在地方上，接受中共中央东北局宣传部领导。

东北总分店负责东北地区的书刊发行任务，直接领导东北地区205个分支店（在地方上接受党委宣传部领导）。总分店经理周保昌、副经理王璟。周保昌因病休养期间，由王璟主持工作。

不久，周保昌恢复健康，上班工作，王璟副之。

东北总分店的内部机构有：办公室（张伟任主任）、人事室、计划财务室、图书发行部、期刊发行部。我任图书发行部主任。

图书发行部下设进货科、统调科、宣传推广科、供应科（储运科）、课本发行组。1951年，东北地区分工专业化的出版单位有：东北人民出版社、东北青年出版社、东北卫生出版社、东北画报社（出版画报、连环画册、年画等）。这几家出版社的出版物，均由东北总分店总发行。图书发行部进货科具体同出版社联系进货，并向分支店发货。此外，在沈阳还有两家私营书店出版图书，自办发行。

从1950年4月到1954年9月，主要有如下几件事值得记述。

一是推行课本预订合同制。1948年，我在牡丹江分店工作时，课本发行曾实行"先收款，后发书"，对于解决印制课本的纸张价格猛涨、减少课本出版亏损问题，发挥了一定作用。1949年秋季和1950年春季，东北全区分支店课本发行普遍推行"先收款、后发书"。

东北人民政府教育部部长车向忱是著名教育家（民主人士），他不同意我们书店"先收款、后发书"的做法。我刚调任发行部秘书就遇到这个棘手问题。东北新华书店总经理李文派我到教育部向车部长汇报并解释为什么"先收款"问题，但是车部长仍不同意"先收款"。后来，我提议实行预订合同制，即当地书店向学校发行课本，必须保证及时足量供应；学校应向当地书店预订课本，预订数量要准确，不能多报数少要书，如果订数少可以追加，但要拖长供书时间，影响教学。因此，各校预订数要尽可能准确，学校与当地书店要签定预订合同，互守信用。车部长对预订合同制表示赞同，要求我代拟《东北人民政府教育部、东北新华书店关于实行课本预订合同制的联合通知》，发给东北各地教育局和各地新华书店，我们总经理李文也同意这个办法。

从1950年秋季起，中小学课本发行在东北全区最早实行预订合同制，效果很好，市县教育科、学校、书店都很满意。

二是防止美军轰炸，书店疏散到长春。1950年6月朝鲜战争爆发，9月美国军队及其仆从军侵入朝鲜，几近我国边境。为了保家卫国，我中国人民志愿军跨过鸭绿江，开始抗美援朝战争。志愿军英勇善战，把拥有现代化武器优势的美军打得"落花流水"，狼狈不堪。为了防止美军轰炸我国重工业基地沈阳，当年9月沈阳的一些重要工厂以及国有企事业单位，奉命疏散到长春以北地区。我们东北新华书店疏散到长春，除总经理李文率领十几个人坚持在沈阳工作外，编辑部、出版部疏散到长春新华印刷厂；发行部、审计部、秘书处疏散到吉林省分店（当年称长春分店，主管吉林省各市县支店及长春市的发行工作）。吉林省分店经理高万枝（1958—1980年任广西壮族自治区新华书店经理，80年代任广西新闻出版局副局长），把吉林省分店办公楼全部让给我们东北新华书店办公，他们搬到第二门市部工作。我们发行部在二楼办公，三楼的几个房间临时搭成铺板，我和发行部同志们挤在铺板上睡觉。每天晚上，大家躺在铺板上闲聊、说笑，并不觉得生活艰苦。

编辑部、出版部的疏散工作量较为简单，唯独发行部的疏散工作量繁重。发行部要把库房全部存书打成包件，捆扎牢固——装上卡车，运往沈阳的货运车站。当时，沈阳的各大工厂都要疏散，货运车站非常繁忙，几乎人山人海，图书属于宣传文化品，可以优先批准车皮装运。我动员发行部全体同志都参加打包、装运工作，大家加班加点忙活了两三个日夜才完成打包运输工作。

图书包件疏散到长春,安排在长春新华印刷厂库房,发行部供应科(即储运科)在长春新华印刷厂坚持储运业务。

陈含章：郑老,当年跟美国打仗,你们感到害怕吗?

郑士德：当年,某些人有一种"恐美思想",认为美国武器厉害,中国打不败美国,这种恐美病也反映到我们这个单位来了。

1950年春,我们从青岛招收了一批青年,都是青岛人,中学毕业生,少数人被安排到出版部、编辑部,大部分人安排到发行部,这些毕业生也跟着我们疏散。那时候,沈阳有一种战争气氛,就是怕美军轰炸,怕我们敌不过,美军侵入东北怎么办呀?发行部的绝大多数同志还是很坚定的,跟着我们疏散到长春工作。其中有一个青岛来的青年,害怕得很,要"开小差"了,要逃回青岛,经群众反映很快就被我们发现了。我们知道他要坐火车,首先到大连才能乘船到青岛,我们就给那天那辆列车的列车长打电话,火车上不是有乘警吗,铁路警察在火车上就发现他了,他没走成,被抓回来了。

当时秘书主任王璟是老干部(1963—1981年,任新华书店总店总经理),他考虑这位年轻人回来以后不必搞什么批判斗争,应以教育为主。只在很小范围——把他的青岛同学召集起来开了个会,主要帮助他解决思想问题,耐心地对他做了一些帮助教育,安排他好好工作,同时要求发行部的同志(尤其是青岛来的同学)对这位青年人不要歧视、不要嘲笑,就好像没发生什么事一样。这个方法还不错,这位同志做了检讨,知道自己错了,表示改正错误,后来,工作还搞得不错。大概过了三五年以后,他考上了大学。十多年以后,我知道他当了工程师。他结婚的对象也是我们原来发行部的一个女同志,小两口很好,当然这是后话了。

陈含章：除了图书发行工作，你们还做了什么工作？

郑士德：我们在长春除继续从事业务工作外，还秘密地给志愿军炒"炒面"。大家都知道，看电影也好、宣传也好，志愿军入朝作战非常艰苦，"一把炒面、一把雪"这是真实的历史。炒面是后方给炒的，上级就安排我们发行部一千斤炒面的任务。

当时规定，参加炒"炒面"的人必须是党员，要严格保密，必须在半夜11点以后才开始炒，炒到凌晨一二点钟结束。半夜炒不完，第二天接着炒，炒面这个任务指定我来负责。半夜11点开始，那时的党员不多，只有七八个人，我们在食堂烧上煤火，很荣幸地开始炒面。党员参加炒面工作，早上还要照常上班，能睡两三个钟头的觉吧，对非党员还要保密。

炒面既要炒熟又不能炒糊，大概一宿只能炒两麻袋，两麻袋大概有三百多斤吧。炒熟了装在麻袋里，密封上。密封以后还要拿毛笔在布条上写明是哪个单位炒的，负责人是谁，得写上我的名字，然后封上，装汽车上交了。我当时非常小心，就怕敌人放毒，或者有炒得不干净之类的事发生。如果这袋子炒面在志愿军那里吃出了问题，那好，就一直追究到你这个炒面负责人头上，所以我非常小心谨慎，就怕出事。

三是整顿邮购工作。当年，发行部有五个科，即业务科、供应科、邮购科、期刊发行科、课本发行组。我刚到发行部工作，发现邮购科的工作很散漫，对读者来信购书，拖拖拉拉不予处理。早在1947年，东北书店总店在哈尔滨时期就设有邮购科，解放区读者纷纷来邮购图书，较为固定的邮购户头最多时达3万。随着新华书店的普遍建立，读者就地购书方便多了，因此邮购客户逐渐减少。我刚到发行部工作时，发现邮购科的工作拖拖拉拉，读者来信购书数量虽然大为减少，仍然马马虎虎，不认真处理。我几次组织邮购科的同志们开会，并从其他几个科抽调人员，帮助邮购科解决积压读者来信问题。经过整顿，邮购科的工作走上正规。在疏散到长春前，经请示李文批准，我们撤销了邮购科，把邮购业务和工作人员移交给马路湾门市部。这是沈阳市的中心门市部，备书品种多，把邮购业务交给中心门市部办理，可以减少转购手续，加快办理速度。

四是推行目录征订和垂直发运。在出版发行专业化分工之前（1946—1950年），东北书店总店（1949年改称东北新华书店）出版的书刊，由发行部主动分配给各分店，再由分店主动发货给所属支店。这可能是传统的做法，问题是层层主动发货，盲目性较大，而且发货路程由总店到分店再到支店，多了一个流转环节，必然增加流通费用。我在哈尔滨分店工作时，库房里的存书积压很多，主要是沈阳总店主动发货的盲目性造成的。我们哈尔滨分店再向40个县支店主动发货，也有很大的盲目性。为此，不少支店对我们分店主动发货有意见。1951年出版发行分工专业化以后，中央宣传部副部长胡乔木强调出版社与新华书店要"亲兄弟、明算账"，东北总分店要实行企业化，加强经济核算，就必须加快图书商品的周转速度。我担任图书发行部主任，就同进货科的同志们商量，改变层层主动发货的做法，在出书之前，请出版社先提供简要的内容介绍以及读者对象和定价。由进货科打印成征订书目，直发东北全区分支店，请他们提出需要数。由进货科按各支店的订货数直发支店，不再由分店转发。各分店只提供分店所在城市门市部的需要数，考虑到分支店提出的需要数不一定符合市场需要，可能有多有少，图书发行部专门成立了统计调剂科。在新书发货三个月后，由统调科定期印发存书调剂表，各分支店要检查自己的存、缺情况，提出调出或调入数量、由统调科进行调剂，通知调出店发给调入店。

1958年郑士德任新华书店东北总分店图书发行部主任时拍摄。

东北的许多县支店都在铁路线上，我们决定改变由分店转发的做法，实行垂直发运。由总分店图书发行部供应科直接发运给县支店。不通铁路的县支店，由附近通铁路的县支店代为转运。总分店经理周保昌非常支持目录征订和垂直发运，特意召开分支店会议贯彻落实这三项改革（实行目录征订、垂直发运和统一调剂）。1952年、1953年东北全区分支店（含总分店）加快了存书流转、减少了积压报废，全区书店的图书商品周转4次。未实行三项改革前（1950—1951年），全区书店仅周转2次。

1952年底，东北总分店奉上级通知，评选两名劳动模范。经总分店近400名人员投票评选模范，我得票最多，得票第二位的是供应科储运员李万和。不久，我和李万和参加了沈阳市劳动模范代表大会，我们两个人都荣获劳动模范代表大会奖章。这是我第二次获得劳模奖章，第一次是1950年初，我在哈尔滨工作期间，被评选为东北全区新华书店一等工作模范，获得一等模范奖章和奖金。

二、参加三反、五反运动

陈含章：郑老，您亲历过"三反"、"五反"运动，能详细跟我们讲讲都发生了什么事情吗？

郑士德：1952年3月，我们从长春返回沈阳。东北总分店根据中共中央的决定，开展了反贪污、反浪费、反对官僚主义运动，即"三反"运动，重点是反贪污。运动开始，我们听了东北局第一书记高岗的动员报告（录音）。他在报告中点名批评了一些机关和国营企业单位请客送礼浪费现象，东北总分店也受到了点名批评。原因是我们东北总分店曾在国营百货公司四楼宴请几位出版单位负责人，请他们多出版宣传抗美援朝的图书，以便有充足的货源完成北京总店布置给我们的1 700万册抗美援朝图书发行任务。那次请客由总分店经理主持，只请了一桌，我也参加了。当年，国有单位请客多在百货公司四楼，所以高岗派人到那里一调查，就清楚了。其实，我们总分店还是注重廉洁节约的，只请了那么一桌子客却被点名批评了。

这次三反运动，可以说是大张旗鼓、雷厉风行，发动群众揭发检举贪污行为。东北局派一位干部到我们总分店督促检查三反运动的开展情况。首先要求各单位主持三反运动的领导干部在本单位群众大会上检查自己有没有贪污行为，经群众讨论通过，才能主持和领导本单位的三反运动。当年的提法是："洗手洗澡，轻装上阵。"东北总分店近400人，分成几个反贪污战场，总分店的图书发行部和期刊发行部集合在一起，组成一个反贪污战场，由我负责主持运动。东北局派来的这位干部（名字我忘了，1980年他是文化部某局的局长，我们曾经见过面）找我谈话，要我在这两个业务部的职工大会（约140人）上先检查自己有没有贪污行为，只要是占公家便宜的小事都要交代清楚。

我反复回忆，自己参加革命以来，没有贪污，但严格检查，有两件占用公物的事：一是我从哈尔滨调沈阳，曾拿了公家的一个木箱（发运图书用的）装载自己的衣物；另一件事是，我没有洗脸盆，拿了哈尔滨分店的一个洗脸盆，带到了沈阳。通过这两件事检查自己的私心杂念。我的检查，经群众讨论评定，认为我可以主持两个业务部门的"三反"运动。

当年规定，贪污（东北币）一万元的，作为反贪污的重点——"老虎"，要发动群众揭发检举"老虎"。我主持的反贪污战场，经过群众议论，提出四个嫌疑人。经过内查外调，其中有三个人被否定，只发现一个"老虎"，是供应科每天运送图书包件到火车站，办理发运零件的"跑车站"人员，名叫张纯忠。他连续跑车站发运图书包件，当然要动用现金。我们组织了六个人的"打虎队"，经过查账，发现他支出的现金，比各种票据合计金额多1万多元（东北币）。经"打虎队"反复追问，他承认自己贪污了，但很快又翻案了。追得紧他就承认贪污，过了几天又翻案。最后，他作为态度不老实的"老虎"典型，被判了刑。他几次翻案，我也怀疑他是否真的"贪污"？我向领导反映时，领导批评我有"右倾"思想，只好作罢！

一年以后（约1953年初），根据党的"三反"运动纠偏政策复查，凡属于错账的不等于贪污，张纯忠贪污问题得到平反。

他从密山劳改队放出来，回到总分店，又继续安排在供应科工作。他被平反，我感到内疚。有一次我向他表示歉意，他很高兴，到处同别人说："老郑向我道歉了。"这件事反映到党支部，支部书记潘义（总分店人事室主任、从延安来的老干部）曾找我谈话，批评我不该道歉，认为这是否定"三反"运动。其实，我没有否定"三反"运动，经过这次以"反贪污"为重点的群众运动，我受到非常深刻的教育，一辈子受益。我想，不仅我受益，参加过三反运动的其他人也是受益者。历史证明，"三反"运动抵制了旧社会恶习，形成了廉洁奉公的社会风气。

"三反"运动不到一年就结束了。1952年春，根据党中央的指示，在私营工商业中，开展了反对行贿、反对偷税漏税、反对偷工减料、反对盗骗国家资财、反对盗窃国家经济情报的"五反"运动。东北人民政府出版局（局长为原东北新华书店总经理李文）派我和三联书店的三名同志，组成"五反"运动工作组，我为组长，到沈阳太原街的私营出版发行单位——长城书店，调查该店的"五毒"行为。我们工作组住在长城书店，发动该店职工揭发店主的问题，又将长城书店的多年账目进行检查，发现了一些偷税漏税问题。根据党的政策，"五反"运动的重点是打击严重违法户和完全违法户。长城书店不属于重点打击对象，我们采取从宽的政策，将长城书店列为基本守法户，只要求这家书店把偷漏的税款补交给政府。我们在这家书店工作了十多天就结束了。由我写了调查报告给东北人民政府出版局，后来，沈阳市和平区政府给我发来公函，同意我们"五反"工作组的调查报告，并表示感谢。我估计，这可能是东北人民政府出版局把我们的"五反"调查报告转给和平区政府的结果。

三、组建抗美援朝战地文化服务队

陈含章： 抗美援朝时期，我们有随军书店，仗打到哪里，书店就跟到哪里。能给我们讲讲书店具体都做了些什么，发挥了什么样的作用吗？

郑士德： 组建随军书店，为解放军服务是新华书店的优良传统。解放战争时期，华东（山东）、华北、西北三个解放区的新华书店都建立了随军书店，为解放军服务。华东新华书店组建的随军书店称第三野战军随军书店，直至新中国成立初期仍然很活跃。西北新华书店组建的随军书店曾荣立战功，受到彭德怀将军的表扬。当年，东北书店总店直接向东北民主联军（后改称东北人民解放军，又改称第四野战军）赠送图书，未组建随军书店。1950年10月抗美援朝战争爆发。东北新华书店总经理李文从大连新华书店抽调10名干部组成随军书店，携带部分图书，进入朝鲜战地。根据当时的战争形势，无法向志愿军销售图书，志愿军政治部指示他们为志愿军前线连队建立图书室，很受战士们欢迎。志愿军政治部决定，把随军书店交由政治部宣传部领导。

1951年3月，中国人民志愿军副政委兼政治部主任甘泗淇将军从朝鲜前线回到沈阳，住在东北军区，给我们东北总分店办公室打电话说，你们这个随军书店很好，希望你们来人，我跟你们谈一谈。办公室主任张伟直接到了东北军区，甘泗淇将军跟他说，你们书店要增加人、多带书，朝鲜前线的志愿军非常需要书，非常需要你们。

张伟回来以后，我们总分店召开了店务会议，听取了张伟的汇报，经店务会议讨论，认为这项工作非常重要，我们东北总分店承担不了，得向北京总店汇报，要全国新华书店的力量来支援。我们没有那么多书，人员也要由全国新华书店来支援。店务会议决定，这件工作应该由图书发行部办理。经理周保昌在大连养病，副经理王璟指定我，立即去北京向新华书店总店请示汇报。

当天上午开的店务会议，晚上我就乘火车去北京。由于任务紧急，我急急忙忙去北京，毛毛草草，连介绍信也忘带了。没买到卧铺票，买个普遍车票就上车了。上车以后，座位很松，我找了个空空的长条椅子，就睡下了，第二天上午到了北京。我在1949年秋曾来京参加过全国新华书店出版工作会议，总店领导同志都认识我。我首先向总店总经理徐伯昕汇报。他很了不起，原来是生活书店初创时期的第二把手，邹韬奋创办的生活书店，主要搞编辑，经营管理、发行业务这些都由徐伯昕负责。1949年，徐伯昕被选举为三联书店总经理。1951年初，实行出版专业分工，伯昕同志任新华书店总店第一任总经理。抗战时期，他在重庆是生活书店总经理，曾直接找周恩来副主席申请入党。周副主席同他说："我们早就把你当成自己人了，你不入党，比入党起的作用还大。"后来，他到了苏北新四军根据地，才正式入党。

我向徐伯昕请示汇报，希望总店统一组织，他表示完全赞成，主张随军书店改称新华书店战地文化服务队，所需图书由总店负责筹集，免费赠送志愿军。让我在第二天下午，找副总经理史育才听结果。大概他立即向出版总署作了汇报，总署署长当场拍板同意。第二天下午，我再次找史育才副总经理。他说："这件事由总店来办，总店将向全国各总分店组织人员，一开始没那么多书，一下子也出版不了那么多书。为解决书源问题，由总店发动全国新华书店开展募书活动，募来的书由各地分店统一寄到东北总分店。"

我从北京回来，不到半个月，由各总分店抽调的战地文化服务队员，先后分两批到达东北总分店。同时通知已经到朝鲜战地的 10 名队员回来，休整一下。

我们请东北军区有关领导同志给战地服务队员进行了短期培训。东北人民政府出版局局长李文亲自主持培训工作，着重做思想动员。在东北军区的大力支持下，全体队员（共 50 多人）换上了军装，配上了志愿军的符号，开赴朝鲜战地。我们图书发行部增设了部队发行科，专职负责战地文化服务队的工作，也都换上了军装。科长金鑫善于公关工作，曾几次去朝鲜，了解战地文化服务队工作情况，并与东北军区以及在朝鲜战地的志愿军政治部宣传部建立了密切联系。金鑫同志在部队发行科的工作很有成效。1954 年调他到沈阳飞机制造厂工作。"文革"时期，听说他在河南被迫害致死。我很怀念他。

全国各地新华书店募集的图书陆续发来，我在附近的一个中学借了一个库房收储、整理和发运这批图书。我很关心这项工作，觉得不能稀里糊涂地把各地募来的书都运到朝鲜战地，得审查一遍，看看有没有不适合志愿军战士阅读的书，那些谈情说爱的书不能给战士们看，要多发运鼓舞士气的书。可是那堆积得像山一样的书，陆陆续续发来，我们科人手不足，需要拆包、整理及分类，那怎么办呢？

我们请了一批在校高中生，稍加培训，请他们大体翻一翻，规定一下原则，什么书可以送，什么书不要送。应该说，各地募集来的书多数还是适合部队看的，经过审读以后，再打包，发到安东（丹东）。

在安东，战地文化服务队安排两个人在那里跟志愿军后勤部门联系，我们发运去的图书作为军用品用军车冒着敌机轰炸的风险运过去。

战地文化服务队共 56 人，其中有 45 人来自华北、华东、西北、西南、山东和东北 6 个总分店，另有 11 人来自新华书店总店、国际书店和三联书店。由东北总分店四平支店经理王明武任队长，下分七个小队。战地文化服务队历时两年四个月，在朝鲜前线共向志愿军赠发图书 700 万册，帮助连队、野战医院建立图书箱（室）7 600 多个。

陈含章：战士们最喜欢看什么类型的图书？

郑士德：志愿军战士在战斗间歇时间或坚守在前沿坑道里，阅读连环画册（俗称小人书）是他们最好的文化活动。战士们最喜欢读连环画册，一本连环画册往往被战士们相互传阅多次，被翻阅得书页鼓胀，书角卷起。有些小人书的封面脱落，战士们精心地用针线缝上。有时，连队指导员用连环画册描述的英雄事迹做战斗动员，鼓舞士气。战士们利用美军爆炸的弹药皮，在坑道里经简单加工制成小书架，陈列"小人书"等画册、图书。在冬季，战地服务队员拉着小爬犁，冒着风雪和敌人炮火给志愿军的坑道运送图书。他们曾几次送书到上甘岭坑道，服务队员高照杰同志光荣牺牲，他是山东总分店干部，有 4 位队员光荣负伤。

志愿军战士喜爱连环画册的信息很快反映到中共中央。党中央以抗美援朝总会的名义，拨出专款印制了 80 万册有关战斗英雄故事的连环画册，由东北总分店转运给战地文化服务队，赠发给志愿军各连队。著名战斗英雄黄继光壮烈牺牲时，在衣兜里仍揣有《钢铁战士》和苏联壮烈牺牲的战斗英雄连环画册《马特罗索夫》。

根据当年战地文化服务队员王治高等人的回忆录，最受战士们欢迎的连环画册有《英雄连长杨根思》《刘胡兰》《董存瑞舍身炸碉堡》《郭志田英雄排》《侵略者的下场》等等。

1953年8月，战地文化服务队随志愿军胜利回国后，得到志愿军政治部的高度评价，并且给新华书店总店寄来感谢信。此后，辽宁、吉林、黑龙江三个省书店根据留驻朝鲜的志愿军要求，又在朝鲜的志愿军住地建立了随军书店，1958年随志愿军回国。

四、完成1 700万册抗美援朝书刊发行任务

郑士德：1951年，全国各族人民群众热烈响应党中央号召，开展了声势浩大的抗美援朝、保家卫国运动，当年春新华书店总店召开由各大行政区总分店参加的管理委员会议。主题是动员全国新华书店员工结合书店工作特点积极参加抗美援朝、保家卫国运动。具体要求有两条：一是发动全体员工开展义务劳动，其收入汇交总店，捐献飞机大炮，以支援中国人民志愿军入朝作战；二是全国新华书店在1951年要大力发行抗美援朝书刊1亿册。

这次会议由总店第一副总经理王益主持（总经理徐伯昕因病住院），参加会议的有华东、华北、东北、中南、西北、西南、华南（广州）七个总分店经理（均为总店管理委员会委员），各总分店图书发行部主任列席会议。东北总分店参加会议的是周保昌，我列席了这次会议。

当年，中共中央宣传部强调要大张旗鼓宣传抗美援朝，提出的口号"抗美援朝、保家卫国"，各行各业都要大搞宣传。那时还没有电视，收音机也不是很多，所以书报刊是很重要的宣传工具。中宣部、出版总署指示总店，要在1951年发行1亿册抗美援朝书刊。总店召开的这次会议规模不大，只有十多人参加。没

有住宾馆，就住在总店附近佘家胡同的总店招待所，只有两三个房间，每间房住三五个人，睡板铺。

这次会议很重要，还请了中宣部部长到会做指示。

那时是习仲勋。我记得很清楚，习仲勋部长穿件白衬衫，制服裤子，腰围较粗，亲自到和平门外延寿寺街的一条胡同里（刘家大门）总店办公的四合院，给我们讲话，总的意思是鼓励我们要努力完成1亿册抗美援朝书刊发行任务。会议认为这1亿册是光荣任务、硬指标，会议分配给各总分店必须完成的发行指标，1亿册发行指标东北总分店分了1 700万册。我记得很清楚，当年东北只有4 000万人口，发行1 700万册书刊，平均不到一户就得发行一册书。

会议认为，东北是老解放区，各市县都建立了统一的新华书店，发行力量较强，所以发行任务应该分得多一些。按人口分，关内有不少人口多的省，一个省就有两三千万人，一个四川就相当于东北地区人口那么多。当然，那时候四川刚解放，发行任务不应过多。

我们把1 700万册发行任务领回来了，周保昌经理主持店务会议，讨论怎么完成这个任务。那时，东北地区只有东北人民出版社、东北画报社、东北青年出版社、东北卫生出版社等五个出版单位（除东北人民出版社外，其他各社1954年均迁北京），也不知谁出的主意，为了增加货源，要请出版社吃顿饭，请他们多出有关宣传抗美援朝的书刊，这样我们才好完成1 700万册发行任务。结果，在沈阳太原街附近的国营百货大楼四层楼有个饭店，当时算是比较高级的国营饭店。我们在那里请了一桌饭，在座的出版社社长们表示，共同来完成这个任务。

我们从来没请过人吃饭，就那么一次，被点名了。当然还有其他单位点了一串名。批评完了，这个任务还得完成。我是总分店图书发行部主任，完成这个1 700万册发行任务承担很大的压力。

紧接着，东北总分店召开了全区分支店会议，把1 700万册发行指标分解给每个分支店。到会的分支店经理都认为任务太重，但表示坚决完成。当年发行量最大的是《美帝侵华史》以及东北版的《永远不能忘》等册子。我国颁发的第一部法律《婚姻法》，对于破除封建婚姻，解放妇女，增加劳动力发展生产，支援抗美援朝战争具有重大意义。我们把这本小册子作为发行重点。华东版的《婚姻法图解》，通俗易懂最受农村欢迎，发行量巨大，全国发行了1 000多万册。东北发行多少，记不得了。抗美援朝战争初期，逃到台湾的蒋介石集团猖狂叫嚣第三次世界大战来了，要趁势"反攻大陆"。一些暗藏的反革命分子也散布谣言制造"恐美""媚美"反革命舆论，进行反革命破坏活动。为此，党中央在全国开展了镇压反革命运动。为配合镇反运动，全国新华书店大力发行上海出版的《镇压反革命图解》，至少发行1 000多万册。东北地区的分支店尽管也发行了数十万册，但算起来距完成1 700万册发行任务，仍有不小差距。我和进货科科长董俊商量，如何增加货源，帮助分支店完成任务。后来，董俊想了个办法，就是在寒暑假作业的封二、封三、封四，请出版社画上抗美援朝宣传画。发行对象明确，每个中小学生都需要，又由分支店统一发行，这样一来，勉强算超额完成发行任务了，皆大欢喜。

回忆起来，有关抗美援朝书刊发行得非常普遍，几乎家喻户晓，对于调动广大人民群众的积极性，同仇敌忾，发挥了不可低估的作用。但是，在部分农村也有一些负面影响，发生了强迫摊派购书等错误。主要原因是许多县支店人手少，只有七八个人，光靠门市零售势必难完成抗美援朝书刊发行任务。有些县支店经请示县的党政领导机关，把发行指标分解给各区乡干部，动用行政力量按家按户摊派任务数字，由于发行的小册子合计起来也不过一两角钱，多数人家看了小册子，受到抗美援朝、保家卫国的教育，并没有什么意见。也有少数人不同意这种做法，有的孤寡老人或五保户也被摊派买小册子，当然不满意，对区乡干部有意见，实际是支店的错误。

  在城市怎么办？城市书店也不能仅仅靠门市零售来完成抗美援朝书刊发行任务。以我们总分店直属的中心门市部——沈阳马路湾门市部为例，他们除了派人到各机关单位扩大征订《时事手册》（每期均以宣传抗美援朝形势发展为主要内容）等杂志外，还与一些中学联系，请他们动员中学生到太原街、中华路等繁华街区，向过往行人宣传叫卖《美帝侵华史》等小册子，几乎卖书人（学生）比行人还多。有些中学生完不成"卖书任务"，还哭鼻子，实际上也有强迫因素。

  1951年底，出版总署发现部分农村有强迫买书现象，严肃批评了总店。总署和总店连续发文纠正了这个错误，强调发行任何图书，都必须坚持读者自愿购买原则。我们东北总分店为纠正这个错误，曾派出10个人到各县支店，深入农村调查强迫摊派问题。东北总分店召开分支店会议贯彻总署和总店的指示，纠正强迫摊派错误。东北局宣传部副部长刘芝明到会讲话，狠狠批评了我们的错误。他说，强迫摊书是国民党作风，使到会的分支店经理很受震动，深受教育。从此，"了解读者、了解书，坚持自愿购买原则"成了新华书店发行工作的行动口号。

  东北总分店召开分支店会议以后，周保昌又主持召开了店务会议检讨了我们在完成1 700万册发行任务造成强迫摊派错误的领导责任。我在会上也做了检讨：组织货源有形式主义，很多书都是我们图书发行部布置发下去的。我本人也忽视发行工作质量，有单纯完成任务的错误观点。虽然检讨了，但自己有委屈情绪，认为总店给的1 700万册发行任务过多。

五、我受到两次公开批评

郑士德：开展批评和自我批评是我们党永葆革命青春、兴旺发达的一个重要特征。我在东北总分店工作期间，每周都要召开党的小组会，一个重要内容就是党员之间开展批评和自我批评。不论职务高低，如果不检点，群众有反映，党员之间就要热情地指出来，帮助这位党员改正缺点。所以，在党内开展批评与自我批评，已经形成常态。有两次，我受到公开批评，印象深刻，值得记述。一次是我们图书发行部泄密问题，我受到党刊点名批评；另一次是在群众集会上，我因不够严肃，受到总分店广播站的公开批评。

1951年底，根据北京总店部署，在全国新华书店系统推行计划发行，要克服发行工作的盲目性，强调加强调查研究"了解读者，了解书。"东北总分店在年底召开分支店会议期间，图书发行部进货科副科长王继民同志拟了一个《读者调查表》发给支店经理，要求他们回店后进行调查，填好后寄给该科，在调查项目中有一个是当地驻军数。会后，辽东的一位支店经理给总分店来信，认为调查驻军数是泄露军事秘密。这封信被总分店办公室主任张伟同志发现了，他对我说："你怎么搞这个调查表？"我很不满意，不承认我搞过调查，后来一查，才知道是我们进货科搞的。总分店立即通知各支店取消调查部队的项目，这件事不就完了么？不行，张伟以"郑士德泄露军事机密"为题写稿给东北局组织部。东北局有个党内半月刊《党的工作》，张伟批评郑士德泄密的稿件在《党的工作》上发表了。

总分店副经理王璟首先看到这篇文字不长的批评稿，表示他应负领导责任，要写检讨。这篇稿件是点名批评我的，我当然也应写检讨。经王璟修改，寄给了东北局组织部。不久，我们两个人的检讨都在《党的工作》上发表了。《党的工作》公开点名批评我，使我受到深刻教育，终身受益。此后，我在总店主编《图书发行》报以及20世纪80年代我主编的三十多种教材，特别注意保守机密，并告诫我领导的编辑同志们一定要增强保密观念，凡是公开发表的文字，严防泄密。当年，党刊点名批评我，我觉得有点委屈。但是，这次批评使我增强保密意识，终身受益。

还有一件我受到公开批评的事。1953年3月，斯大林病逝。那时，斯大林是国际共产主义运动的领袖，一些社会主义国家都举行了追悼活动。沈阳举行了数十万人参加的追悼大会。莫斯科是上午9时隆重举行追悼大会，沈阳距莫斯科有6个小时的时差。根据东北局的部署，当天下午三时，各机关、部队、学校、国营企事业单位也在市政府门前的广场举行追悼大会。我们总分店全体同志早在上午10时就入场了，要等到下午3时才开会。我站在人山人海的群众集会上，寂寞得很。为了消磨时间，不知不觉闲聊起来。我和图书发行部的同志们有说有笑，东拉西扯。

第二天，计划财务室的一位女党员写了一个批评稿，点名批评我："身为党员干部，在斯大林去世的追悼大会上，没有沉痛感，还有说有笑，太不严肃，缺乏阶级感情……"她这篇批评稿先交给党支部书记潘义，潘义（女）是延安来的老干部，行政职务是总分店人事室主任。潘义把这篇批评稿交给总分店广播站，于下午上班时间，在全店广播了。我听了广播很后悔，找到支部书纪潘义，做了自我批评，承认我错了，深挖思想根源是阶级感情不深。这个批评和自我批评有时代背景，也反映了当年同志之间开展批评与自我批评的风气是很正常的。我并未因受到批评而恼火，或对这位女同志怀恨在心。我调总店工作后，曾因公回沈阳，探望了这位女同志。

我再重复几句，"三反"运动后，有人好像把我们党的历次运动都否定了。但是，"三反"运动还是作用很大的，我们这一代人在"三反"运动中受的教育，一辈子都忘不了。不敢贪污、腐化，真是受用。当时那个教育，从心里讲，不仅我个人，整个一代人至少管用20年。当然了，也有些"左"的偏向，有少数人受到委屈，错了，但第二年平反了。那么大的运动怎么能没有一点偏差呢！我看"三反"运动包括"五反"运动的主流都是好的。

最后，我再说说东北总分店的撤销。1953年初，根据中央指示精神，实行书、报、刊发行专业分工。邮局负责报、刊的发行工作，新华书店负责图书发行工作。我们东北分书店将期刊发行部的全体员工（40多人）以及期刊订户卡片等公用品、办公设备无偿地交给沈阳市邮局。总分店图书发行部改称业务部，我任业务部主任。总分店经理周保昌调北京，任新华书店总店副总经理，副经理王璟被任命为东北总分店经理。1954年初，我调任东北总分店办公室主任，主管调研科、文书科、总务科、编辑组，负责起草总分店工作总结、工作计划和重要文件。当年8月，大区的党政领导机关撤并调整，原松江（哈尔滨）、嫩江（齐齐哈尔）两省合并为黑龙江省，以哈尔滨为省会；原辽东、辽西两省合并为辽宁省，以沈阳为省会。东北总分店少数干部调新华书店总店工作，东北总分店业务部门改制为由总店直接领导的新华书店沈阳发行所。原来东北总分店办公大楼（沈阳马路湾五层Ｖ形大楼）交给新组建的新华书店辽宁分店办公，沈阳三联书店经理刘建华任新华书店辽宁分店经理。1953年成立新华书店沈阳分店，潘义任经理。1954年9月，王璟调北京，任新华书店总店副总经理兼新华书店北京发行所经理，主持北京发行所工作。我也调北京，任新华书店总店业务处副处级秘书。

在东北总分店撤销前，我和文书科同志们的重要工作，就是把东北总分店从成立到结束的全部档案加以整理、分类编目，装入两个大木箱，运送到北京的总店。

我于1954年9月，随王璟等同志到达北京，在新华书店总店工作。

第四章

在新华书店总店

陈含章：1954年，您被调入北京新华书店总店。这一时期，国家开始对私营书店进行社会主义改造，当时私营书店经营状况如何？都通过什么方式进行改造，具体做法是怎样的？效果如何？同时也开始了发行网点的建设工作，建设的重点是什么？

郑士德：1954年8月，根据中央的统一决定，各大行政区的机构都撤销了。当年，东北地区行政机关是东北人民政府，像关内的华东、华北、中南、西南、西北的军政委员会都撤销了。东北大区一级的机关企业单位都撤销了。

1954年9月前，沈阳、本溪、抚顺、鞍山都是中央直辖市。9月以后，沈阳、抚顺、本溪、鞍山、旅大（现大连市）成为辽宁省辖市。

我是1954年9月调到北京的，被分配到新华书店总店业务处。总店业务处有7个科，业务处主任原是中南总书店副经理。我是业务处副处级秘书，当年的秘书比科长大一点，可以管几个科。我协助处主任分管古籍发行和科技书发行的两个科，还兼任农村科科长。农村科是我调到总店后新成立的。从各总分店调总店的干部安排住在和平门外延寿寺街刘家大门，是总店原来的办公地址。总店新的办公地址迁到前门廊房头条10号。新中国成立前那是一个很漂亮的金店，三层楼，前面是廊房头条10号，院内还有不少办公楼，后边到了西河沿，南北两面通街。

1955年，总店的中心工作是对私营书店进行社会主义改造，当年叫安排私营书店，还有一件是以供销社为基础建立农村发行网。

一、对私营书店的社会主义改造

抗战胜利以后，由于蒋介石集团搞内战，搜刮民财，搞金元券。这个金元券把私营工商业和老百姓坑苦了,搞得民族工商业陷入绝境。新中国成立前的民营出版业,规模最大的商务、中华、开明、世界、大东——旧中国统一经营编、印、发的五大书局都亏损了,营业很不景气。此外,许多中小书店纷纷倒闭。新中国成立以后,经过1950年到1952年的三年经济恢复,民营书店开始有所恢复。据1954年统计,全国共有3 500户民营书店,主要集中在大城市。上海最多,有560户,北京其次,有253户。民营零售书店从业人员有8 000多人,多数都是小书店,当时叫夫妻店,多半兼营文具。经过"三反""五反"运动,一些民营工商业弄虚作假、违法乱纪,坑害中国人民志愿军被报纸揭露,名声很坏。受到人民群众抵制,民营书店经营也很不景气。

国营的新华书店却蒸蒸日上,门庭若市。私营书店没人去,一个是书少,另一个是名声坏。"三反""五反"时期,报纸上介绍上海有些私营企业生产急救包,抗美援朝战争伤病员需要纱布、药棉,他们用废旧的烂棉没消毒就卖给了志愿军。"三反""五反"运动揭露了这些奸商的行为。抗美援朝战争中一些志愿军伤病员本来是可以医治好的,结果他们用烂棉花、烂布,造成感染,导致一些伤员牺牲了。这件事报纸上一报道,引起了全国人民的愤怒,说私营企业太坏了,私营书店也受到了影响。当年,私营工商业的声誉一落千丈,营业额普遍下降。

一些私营书店也是用偷税、漏税、行贿等方式来经营的。当年,上海是出版中心,在北京国营的出版社刚刚建立,上海的私营出版业很多,有不少是皮包书店。什么叫皮包书店?就是不法书商在个人皮包里装着私营××书店印章,粗制滥造一些书或从别处弄点书,然后到私营书店批发,价格很高,给的折扣很大,那真叫高定价、低折扣。当年,私营书店很少到当地新华书店进货，而是直接从私营出版业或皮包书店批发，形成一种私营书业的批发渠道。

新中国成立初期几家大的私营出版业实行公私合营，像中华、商务、开明三家大型出版企业，经自愿申请，政府批准、投资，实行公私合营。上海的一些中小私营出版业在政府的支持和指导下，在自愿的基础上联合起来，成立了儿童读物联合书店，简称童联书店；一些出版通俗读物的私营出版业联合成立了通联书店。这两个书店就把很多小出版商、皮包出版商合并了，合并以后联合出版的儿童读物、通俗读物，由新华书店上海发行所总经销。这样一来，私营出版业和私营书店原来的产业链就基本断了，过去私营书店的书价高，上海出版物到北京增加书价10%，就是说，定价一块钱的书到北京卖一元一角，是合法的，到昆明等更远的地方更是翻倍。

国家为了发展文化，出版总署决定统一书价，统一以后就有规定了，私营出版的货源减少了，同时价格也下降了，私营零售书店只好从当地新华书店进货。一般私营出版社给的折扣都是对折，至少是6折。1950年新华书店总管理处编、印、发都在一起。分家以后，以发行部为基础成立了新华书店总店，以编辑部、出版部为基础成立了人民出版社，当时社、店之间商订图书产销合同时就有争议，相互争折扣。总店要求对折进货，人民出版社不同意，6折也不行，最后怎么办呢？经出版总署协调，总店只好按7折进货，就是总发行按7折订货。当时，总店的这些人都是行家，图书发行部主任是原来生活书店的，都不同意。但出版总署做工作，说出版社刚成立，新华书店家大业大，要让一些。但是，总发行7折，那么给基层新华书店发货只能按7.8折。基层新华书店7.8折进货，可是私营书店向它进货怎么进？

第四章　在新华书店总店　　087

给8折。新华书店7.8折进,按8折批发,只有0.2折扣,当然要亏损。私营书店从当地新华书店进货仅仅得十几个折扣怎么活得了呢?到了1954年,经过"三反""五反"运动以后,许多读者不愿到私营书店购书,私营书店营业惨淡,生存困难了。

1955年初出版总署合并到文化部。文化部领导在总店召开的第一次分店经理会议上批评新华书店说民营书店倒闭了,怎么办?你们新华书店是"只挤不管",严重违背党的政策。当年有一条规定:国营经济要领导私营经济。因此,私营书店的安排改造,应该由国营新华书店负责。新华书店总店召开分店经理会议的中心议题,就是安排改造私营书店。安排改造的要求是:不许一家私营书店倒闭,也不许私营书店一人失业。会议决定,1955年新华书店的中心工作就是安排私营书店。我参加了这次会议,负责编写会议简报,每天一期,印发中宣部和文化部的有关领导同志。

会后,当年主持总店工作的副总经理是王益,他又兼任文化部出版局副局长。史育才副总经理负责领导对私营书店的安排改造工作。总店为安排私营书店下了很大力气,抽调四位副总经理和十六位处级干部共二十人,两个人一组,分赴私营书店较多的大城市督促和协助当地新华书店安排私营书店,就是怎么使每个私营书店不歇业、员工不失业。我和办公室副主任干青,被分配到西安,其他同志去北京、天津、沈阳、上海、武汉、重庆、广州等城市。总店还成立了第二办公室,负责对私营书店安排改造的工作。

1955年4月,我和干青到了西安,规定每周要写一个汇报直寄史育才副总经理。工作情况到底怎么样,私营书店安排怎么样,每周都要给史育才汇报。我们到了西安以后,就住在西安市新华书店西大街门市部的二层楼上。二楼原来是个很大的会议室，用木板条在二楼隔出来一块，拿报纸一糊，成了一个房间，成为我们两个人的办公室兼宿舍，吃饭就到东大街西安市新华书店的食堂用餐，主要吃面条。当年，对私营商业的社会主义改造是全国统一安排的，不仅是私营书店，其他私营商业也不景气，需要安排。我和干青同志首先访问了西安市文化局，该市决定在五月上旬统一行动，统一安排私营商业。

我们帮助西安分店成立了批发科，主要任务是开展批发业务。干青同志到西安的第一周，老病复发了，大口大口吐血。我和批发科同志很紧张，到处找肺结核医院。最后由西安分店经理连夜把干青送到结核病防治院，干青在医院里住了十多天，止住血了，但不能工作，我送他乘火车回北京养病。人家都是两个人，有的是副总经理再加上一个处级干部。当时，我一个人在西安工作，也要每周给总店副总经理史育才写汇报。开始时，我和批发科科长走访西安市商业局，了解他们对全市私营商业安排改造的政策和步骤。同时，我和批发科科长两个人骑上自行车，把全市私营书店都跑了一遍，详细了解他们的经营情况。

算起来，1955年4月底西安市有私营书店23家，营业额普遍下降，一年不如一年。1954年全市私营书店销售额加起来只有20.7万元（那时书价比较低，一毛钱或者几分钱一本），比1953年的销售额下降了30%，1954年的第四季度又比1953年第四季度下降25%，1954年第一季度和同期比下降61%，已经倒闭了3家，为什么倒闭？主要是严重亏损。1955年春天，又有一家要倒闭，文化局尚未批准。在西安市的西院门有3家书店，华城、中西、大成都是夫妻店，经营很困难。最困难的是大成书店，一家5口人3个小孩，夫妻两个都是河南人。抗日战争时期，蒋介石炸开黄河口，决堤以后河水泛滥并未阻挡日本侵华部队，却淹了许多村庄，河南人大量逃难到了西安。大成书店的夫妻二人就是那时逃难到西安的。经过多方设法，开了个小书店糊口，但一年不如一年。1954年，一天仅卖三五块钱，经常没米下锅，有的时候一天就吃一顿饭。没钱，喝稀的也只能吃一顿，还有3个小孩，特困难。西安新华书店怎么安排呢？那就是加强批发，给私营书店各种优惠，帮助他们扩大销售来维持营业，力求不倒闭。根据文化部和总店统一安排的部署，西安市店采取"三让"政策：

第一，让经营品种。有些适合私营书店卖的书，新华书店不卖了，交给他们卖，如字典、地图、唱本、歌本等一些休闲读物。字典是畅销书，地图也是，把这些品种让给私营书店经营有利于增加营业额。

第二，让营业时间。新华书店西安市店有四个门市部星期一休息关门。四个门市部附近都有私营书店，让读者到私营书店买书。

第三，让批发折扣。新华书店原来是7、8折进货，8折批发，已经亏本了，现在亏得更多了。7、8折进货，给私营书店7.5折批发。批一本亏一本，新华书店因为有课本，课本发行对新华书店是一个支撑，所以尽管批发亏本，到年底虽然利润下降，还是可以维持的。

西安市新华书店还给每个私营书店都挂个"新华书店代销店"的牌子，就是说，私营书店经营的图书是新华书店的，都可以买，挂这个牌子的主要目的是提高私营书店的信誉，说明他们卖的书是替新华书店代卖的，读者不一定去新华书店购买，可以在这儿买。在西安市私营书店中专搞批发的有四家，由于私营零售书店都从新华书店进货了，私营批发书店没有生意可做了，西安市新华书店召集这四家批发书店经理开会，说服他们转营零售。由于他们零售的店址不行，有两家迁了新店址。

西安市店批发科的安排，受到私营书店的热烈欢迎。西苑门的大成、华成、中西三家书店的营业额比过去增加两倍多。他们不会倒闭了，非常感谢党的政策。大成书店反映说："我们是夫妻店，资金少，店面小，买不上向社会主义的过渡票，现在，新华书店把过渡票送上门来了，我们得好好过渡。"送上门就是给他们挂上了新华书店代销店的牌子，读者可以放心地到私营书店购书了。有的私营书店员工说："新华书店真好啊，救命来了。"因为私营书店经营扩大了，不会倒闭，员工们也不会失业了，西安市店批发科也算完成安排任务了。此外，我们对西安的旧书店、旧书摊还有流动书贩也做了具体安排。

我在西安工作了两个月，按总店规定回北京了。当年有个规定，就是要给私营书店测算一下，全市私营书店每月营业总额要达到多少才算达到标准。总店第二办公室经测算规定，西安全市的私营书店每月图书销售指标要达到 9 700 元。当年 8 月份还没有达标，西安全市私营书店营业额仅 6 000 多元。到了 9 月，已经达到 13 800 多元了，完成达标。到了 10 月份全市私营书店销售 19 000 多元，已经超过维持标准的一倍了。原来才 9 000 多元嘛，现在已经到了 19 000 元了。这个统计数据是我查了当年的档案记下来的，还是很齐全的。

1956 年根据国家对私营工商业的社会主义改造统一部署，全国的私营书店实行了公私合营，每个大城市（一般县城没有私营书店，就一家新华书店还是新建的）先成立一个公私合营总店，西安市新华书店批发科科长黄同进，当了西安市公私合营书店的经理。1958年，私营书店都变成了新华书店，公私合营也没了。这些私营书店都挂上新华书店的牌子，经过清产合资，按私营书店业主提供的资本金，每年付给他们5%的定息。你这个房屋当时也不值钱，你的设备、资金什么的一算，假如说是一万块钱，每年给你5%，500块钱的利息。当时决定持续20年不变，按5%计算，正好都给你折回来了。另外，这些私营书店的人员都安排了，原来较大的私营书店经理到了新华书店也可能当个科长、组长什么的，原来夫妻店的一般工作人员就来当营业员，书店业主的工资都比当时新华书店员工的工资高，那时叫保留工资。假如你在新华书店一个月的工资应该得30块钱，可是你在私营书店每月工资为40元，那就仍按40块钱给你，等下次提涨工资的时候就拉平了。慢慢地保留工资也没了。

由此看来，我们的政策，对私营书店的社会主义改造，的确是和平过渡，没有掠夺。1958年公私合营书店都变成了国有的新华书店了，那些私营书店员工，高兴得不得了，因为有了"铁饭碗"。作为新华书店职工犯了错误不会吃不上饭，也不会失业，有了铁饭碗、铁工资、铁交椅，所以称"三铁"。私营书店员工成了国有书店的干部了，那个时候，是求之不得的好事。现在看来，对私营书店进行社会主义改造是大势所趋，也是历史的必然。现在有人说，你看，当年私营书店都给公有了，"早知今日，何必当初？"不是那么回事，安排私营书店，进行社会主义改造是历史的必然。私营书店经营不景气，亏本，都吃不上饭了，你不安排、不改造，会造成社会动乱。社会不稳定，怎么建设社会主义？我认为，总的改造政策是成功的，社会主义改造是正确的，它同今天发展民营书店是两回事。

二、建立农村发行网,疏通图书下乡渠道

新中国成立前和成立以后的初期,全国人口80%是文盲。现在成年文盲很少了,只占百分之几。那时候一般县城根本没有书店,比如我是在东北一个很老的县出生和中学毕业的。当时,这个县城只有两个小书店,卖《三字经》《百家姓》之类的书,都是文具店。我说这个县还是当年东北一个很有名的县,有高中。一般的县城都没有书店,那怎么办呢?要想买书,需要写信到沈阳、上海邮购,我都邮购过书。

新华书店是解放区发展起来的。毛主席说敌人把大城市变成了文化荒原,我们的解放区却把文化发展起来了。当时的解放区主要在农村,新华书店也是从农村发展起来的,历来很重视农村发行工作。毛主席在延安文艺座谈会讲话以后,发行工作要面向工农兵,当年工人很少,主要是农民。

土地改革以后,在解放区广大农村,掀起了扫除文盲运动。不少青年农民开始识字,需要阅读通俗读物,巩固扫盲成果。全国解放以后,为了普及农村发行工作,首先要在各县建立新华书店,县新华书店的工作重点在农村。如何向广大农村发行图书,是个急需解决的问题。

当年,各县新华书店发行人员很少,只有五六个人。开展农村发行工作就要组织社会力量下乡卖书。许多县书店在农村发展了一批不发工资的专业发行员或称代销员,他们不是新华书店正式职工,靠下乡卖书拿提成。卖书多,提成也多,可以维持生活。后来,发现有相当一批专业发行员为了多拿提成,不惜招摇撞骗,冒充区乡干部,到各村命令村长买书,发给农民,或向农户摊派图书。有人发了小财,转而投机倒把。总店发现这个问

题，向各地新华书店发出通知，取消这种发行员。表现好的，可以转为新华书店正式职工，差的淘汰，强调各县新华书店要配备自己的正式员工下乡，称农村流动供应员，专职下乡卖书。由于县新华书店员工少，发到农村的图书等于"杯水车薪"。

1952年，出版总署发现图书下乡有强迫摊派问题，指示总店必须加以纠正。总店发出通知，要求全国新华书店认真检查抗美援朝书刊发行中的问题，坚决反对强迫摊派书刊，强调发行工作必须坚持自愿购买原则。根据总店通知，各总分店、分支店都做了检查，有的县支店还向区乡干部道歉。

但是，要使大批图书下乡，究竟依靠什么力量呢？发展不发工资的专职发行员失败了，县区乡干部发行书刊也不行，县书店人少，下乡卖书等于"杯水车薪"。因此，如何建立适合农村实际的图书发行网点是个迫切需要解决的问题。当年，新华书店总店总经理王益，主张委托农村供销社卖书。那时候，农村供销社发展起来了，一般的生产资料、生活资料都归供销社经营。在全国，有中华全国供销合作总社，各省有省供销社，县有县供销社，在农村每个乡都有基层供销社。新中国成立初期，供销社卖年画，很受农民欢迎。有的县书店委托供销社卖书，也较为成功，但毕竟是少数。王益考虑，首先找全国供销合作总社。经总社同意，他亲自起草了文化部、全国供销合作总社《关于加强农村发行工作的联合指示》。1955年正好出现了农业合作化高潮，全国已经有了60万个农业生产合作社。那时的提法是，农业合作化高潮必定带来农村文化建设高潮，农业合作化，就是农民彻底翻身了，要学文化了。的确是这样，合作化以后就开始大搞扫盲运动。扫盲、识字，就要供应扫盲课本以及宣传农业合作化的图书。

1955年底，王益起草的文件还没有下发，决定先到河北三河县农村供销社做调查。我是总店业务处农村科长，他要我跟着他到三河县农村进行调查。总店是局级单位，王益是正局级，总店有两辆小汽车，从总店开车去三河县，不是很快就到了吗？但是，王益坚持领导干部的艰苦朴素作风，他带领我坐拥挤的长途汽车。然而，长途汽车到三河县城没有路，只能到燕郊镇，燕郊到三河县城还有三十多里路呢，下了长途汽车怎么办呢？当时有个私人小生意叫"二等车"，就是自行车，你给他几毛钱，坐在自行车后座上，他骑车子把你拉到县城。走路浪费时间，那就坐"二等车"吧，我们两个人一人坐了一辆"二等车"，到了三河县城。县支店经理听说总经理来了，就跟县委联系，县委有招待所，让挑个好点的。王益坚决不住，说就住在你们支店。三河支店门市部是平房，后面有几间草房，供支店会计、业务办公和员工住宿用。那真是农村的茅草房啊，条件很差，窗户没有玻璃，糊的纸，光线很暗，面积也不大，我们两个人就住进去了。

　　我们在县支店开了两天会，调查了解农村发行情况。三河县是个纯农业县，有29万人口，三河县支店1954年的销售情况现在看来还是不错的。21世纪初始十年，各地县书店的课本销售占销售总额的70%，而当年三河支店的课本销售并没有那么多，我查了查，1954年三河县支店的课本销售只占销售总额的47%，不到一半，一般图书销售占53%。这说明，三河县支店的农村发行搞得好。农村发行为什么好？主要靠供销社卖书。

　　我们在县城借了两辆自行车，骑自行车跑了几个村，每个村有好几个农业生产合作社，都是初级社。我们找了一个叫第四区供销社卖书的典型，这个基层供销社有两个玻璃柜，都陈列着书，还在书架上封面朝外也陈列着书。常有青年人来买书，都是通俗读物。

回到县支店了解这个情况以后，王益叫我写供销社图书销售情况的调查报告，我写完后，王益一看，他说，你写调查报告不能做流水账，不能写早上起来了刷牙、漱口再到厕所，然后吃早餐等等，这么写是流水账。我是怎么写的呢？一开始是三河县有多少人口，县书店有几个人等等。他说，全县人口数可以把它掺和到文章里头，把你最需要讲的突出写出来。我懂了，他给我的教育印象很深，这位老领导，我到现在还很敬佩他。

我回到北京，把《调查报告》交给他，他略作改动，把文章题目改成《在三河看到的》，交总店的店刊《图书发行》报发表。那时总店正在召开分店经理会议，讨论如何依靠农村供销社建立农村发行网。这份报纸发给每位与会代表，用三河县农村供销社卖书作为典型来推动分支店重现农村发行网建设，是王益的一大功劳。

根据这次农村调查，王益把文化部和全国供销合作总社《关于加强农村发行工作的联合指示》和《实施办法》略加修改，呈报部社领导签发。《联合指示》要求农村供销社增加图书发行业务，县新华书店要加强辅导，所有图书均按八折批给供销社，每季度可以"退货"。这个联合指示规定：为了加强农村发行，在省供销社成立农村发行科，从省新华书店调一名科长到省供销社担任农村发行科科长，每个县新华书店也调一名干部到县社。省社、县社主管基层供销社卖书，有了专业机构和人，对迅速建立农村发行网起了主要作用。

《联合指示》下达以后，在全国农村有两万多个基层供销社开展了图书业务，农村发行网基本建立起来，这在中国历史上是第一次。

1955—1956年，是我国农业合化高潮时期。许多有关农业合作化的政策文件和创办农业生产合作社的经验等小册子，通过众多的基层供销社销往农村。毛泽东《关于农业合作化问题》的报告、《1956年—1967年全国农业发展纲要》，以及毛泽东选编并加按语的《中国农村的社会主义高潮》选编等书，通过农村供销社发行量均在1 000多万册。1955年农村图书发行册数和金额均较未建立农村发行网的1954年，增长50%以上。

　　当年，从总店到全国各县新华书店也受到"反右倾保守"的思想影响，认为农业合作化高潮必然带来文化建设高潮，对农村、农民的图书需要估计过高；对基层供销社经营图书的要求也过高，几乎把县书店的一套做法都搬到供销社图书、文具门市部，批发的书过多，实际上卖不了，影响了供销社经营图书的积极性。

　　1956年4月至5月，为了调查农村供销社经营图书的实际情况，总店派我与全国供销总社的一位处长（名字忘记了）共同到安徽滁县、全椒、肥东、巢湖等县农村供销社进行调查。总的印象，供销社卖书，成绩不小。在经济文化较好的农村，供销社图书、文具门市部每月可以销售2 600多册图书。但是，在条件较差的农村，供销社卖书不多，有的将图书文具门市部撤掉了，只是在玻璃柜内摆了一些连环画册。有些省县新华书店认为，供销社对图书业务不重视。总店认为，县书店应该对供销社图书业务加强帮助、辅导，对供销社图书业务不能要求过高。

　　1956年8月，新华书店总店在北京召开农村发行工作会议，主要议题是巩固供销社售书点，这次会议不仅有新华书店系统的省店经理，还有供销社系统的省社发行科长。总社的一位处长也参加了。开会前，我给史育才副总经理写了一个主题报告，他没有拿出来，为什么呢？因为会上对供销社卖书有两种意见，有人就是很反对，河南、黑龙江、江苏等省分店经理在会上发言，不同意供销社卖书，因为7、8折进货8折发货，还允许退货，当然赔钱了。有20%的折扣，新华书店自己下乡建立门市部，要比供销社售书卖得更多……会上吵得一塌糊涂，本来是如何巩固供销社卖书，现在会上出现反对声音。我费了好大劲写的主题报告，史育才副总没拿出来，结果尴尬得很。供销社系统的会议代表虽然过去是新华书店的人，现在变成省社发行科长了。他们感到：我们辛辛苦苦卖书你们还不同意，也很不高兴。史育才向文化部出版局副局长、兼总店总经理王益汇报。王益出面到会讲话，指出供销社卖书的优越性，强调供销社卖书可以不必另起炉灶，新华书店自己下伸门市部，得另找房子、找店铺吧。他向反对供销社卖书的几位分店经理做思想工作，终于使会议得到了统一认识，明确了新华书店必须依靠供销社建立农村发行网点。

  这次会议以后，我奉命到河南做下伸门市部调查，我走访了河南密县及其他几个县新华书店的下伸门市部，发现下伸门市部问题不少。一是经常不开门，我去附近的学校征求教员们的意见，都反对，说"我们想买书，但是不开门"。门市部的人干什么去了？劳动纪律太差，回家种自留地了。县新华书店对下伸门市部很难管理，鞭长莫及啊，县书店现在有承包经营，那个时候没有这些啊，卖多卖少赔本就赔吧，反正是"铁饭碗"，劳动纪律很差，我走了几个下伸门市部都是这种情况，不行。我又到江苏淮安县农村调查，一个叫车桥镇的下伸门市部，只有一个员工，总是关门，名义上是下乡卖书去了，实际是回家了。二是搞摊派，小学教员们对这个门市部的意见不少，主要意见是卖书有摊派，说区里面有通知，不买不行。1956年10月，我根据王益同志的指示，起草了《关于巩固农村供销社发行业务的联合指示》。经王益修改，报文化部沈雁冰部长签发，又请供销总社主任联合签发，10月22号发出去了。这个文件总结了一年来农村供销社售书点的建设情况，指出：县新华书店不能对基层供销社卖书要求过高，因为供销社图书销售额只占该社生产资料、生活资料社销售总额的1%。由于每个农村购书数量有限，县书店对供销社不能发货过多。对于供销社积压的图书，应允许退货。县新华书店发货过多的不能卸包袱，应该主动退回来，县书店农村发行员应加强对供销社卖书的辅导。

我讲个真实的故事，《图书发行报》曾经刊登过。有这么一个县书店的职工，书存多了，积压多了，就都往供销社发。还没等发出去，县书店经理说，组织部通知你调县社搞发行工作。他说我得考虑考虑，到了县社立场就变了，说县书店发给供销社的书卖不出去怎么办？不愿意全部接收。说明这位同志有本位主义，为了卸包袱就把积压的大批图书推给基层供销社。结果把这个人调到县社工作，管基层供销社图书业务，他说不能这样发了，要压缩品种和册数。

这说明，巩固供销社售书点，必须实事求是，不能把县书店各类存书全都搬下去，不能对农村的需要估计过高。1957年大量退货冲减了当年的实际销售额，形成了"马鞍形"——1956年全国新华书店销量过多，是把大批图书盲目发给了基层供销社，结果1957年大量退货，造成县新华书店销售额减少。

第五章

1958年大跃进时期

陈含章：郑老您好，您上次讲了国家如何对私营书店进行社会主义改造这段历史和农村图书发行市场的一些情况。今天，想请您讲一讲1958年大跃进时期，我国的图书发行事业是否也有"放卫星"、"浮夸风"、"共产风"这些问题？给发行事业带来了什么样的影响？

郑士德：1958年各行各业大跃进，图书发行也大跃进，出现不少问题。图书发行事业的大跃进，主要是盲目地推行图书销售的高指标，在全国新华书店系统刮起了"浮夸风""共产风""瞎指挥风"，在政治上、经济上造成了前所未有的损失。

回顾当年，我着重讲六个问题。第一，1958年初，我到北京丰台门市部蹲点（现在叫丰台区新华书店），为什么呢？因为丰台门市部的郊区发行工作搞得比较好，特别是农村、郊区发行工作搞得好。

第二，我随着周天泽副总经理到山西做了一次调研，当年新华书店搞高指标，应该说，我们是始作俑者。

第三，总店在上海召开大跃进会议，动员大跃进。我想，这应该作为本节的重点。

第四，1958年6月份总店奉命精简机构，从200多人减少到30人。

第五，我参观全国农村第一个公社——嵖岈山人民公社，我还参观了河南新乡的大炼钢铁，这两点对图书发行工作都有影响。

第六，"放卫星"，各行各业都"放卫星"，特别是农村"放卫星"，新华书店发行图书也"放卫星"。农村、农业"放卫星"，说是亩产多少万斤，新华书店"放卫星"就是在很短的时间里向农村发行上百万册书。这可不得了，最多发了三百多万册，有的几十万册也算放"卫星"了。

一、到丰台区门市部蹲点

1957年12月份到1958年2月份，全国各行各业包括我们新华书店在内，掀起了批判右倾保守思潮，接着党中央提出"鼓足干劲，力争上游，多快好省地建设社会主义"总路线。为了贯彻总路线，1958年1月初，我就奉令到北京分店（当时还叫分店，到了6月份改叫北京市新华书店）丰台门市部蹲点调研，主要任务是总结农村发行大跃进的经验。现在丰台区已是城市了，当时还是北京市郊区，每一个村都建立了供销社售书点。丰台区委宣传部对供销社售书点很重视，因此搞得比较好，丰台新华书店工作也搞得不错，发行农业科技书比较突出，郊区农民对种植业和养殖业的科技书很欢迎，发行下去以后也很起作用。

丰台门市部发行农业科技书，介绍怎么种大白菜、怎么养猪，取得了很好成效，所以白菜也丰收了，猪也繁殖起来了。这样的例子很多，很受郊区农民欢迎。我和丰台门市部主任（当时叫主任，现在叫区店经理）骑自行车走访了很多村，了解农业科技书籍的实际发行效果。到了村以后，一些农民，特别是买了书的人，告诉我们说许多书起了很好的作用，科技种植的大白菜长高了，养猪快速增肥了，养的鸡生蛋多了……我们就把这些例子收集起来，编写了一本小册子叫作《丰台门市部农村发行大跃进经验》。

1954年底，国务院撤销了出版总署，出版总署的干部合并到文化部去了。陈克寒是出版总署党组书记，合并到文化部任副部长，主管出版。他对出版工作抓得很紧，批评起来也很厉害。我们请陈克寒副部长为《丰台门市部农村发行大跃进经验》一书写了序言，由总店出版，印发全国新华书店参考。这是我在总店编印出版的第一本书，为全国新华书店大跃进制造舆论、树立典型。

当时没有鼓吹高指标，只强调发行效果，农村发行的科技书实际起了什么效果。现在反思，有些发行效果只是听他人讲的，没有具体核实，可能有浮夸成分。这本小册子在一定程度上也助长了"浮夸风"。

二、随总店副总经理周天泽到山西调研

1958年2月下旬，陈克寒副部长发高烧，卧床不起。他通知文化出版局局长兼总店总经理王益到他家里，向他汇报1958年的出版计划、发行计划。陈克寒大概批评了他，说你们这个出版计划、发行计划太保守，销售指标跟不上大跃进形势。

王益马上到总店召开店务会议。当年总店就在廊房头条，有200多人，房屋也不少。王益同志说："陈克寒副部长正在发高烧，他批评我们指标太低。"多少是高？大家没有底。原来设想，发行计划指标定下来，准备在上海开会，动员大跃进。为了给这个会做准备，主持总店工作的副总经理周天泽带着我去山西调研摸底。我们先到了山西省店，听完简短介绍情况，我们到了文水县支店。文水县是刘胡兰烈士的家乡，这个地方比较富裕，书店工作比较活跃，是山西省新华书店系统的先进支店。

到了文水新华书店，我们首先了解全县情况。县店经理陪着我们找到县委书记，了解全县的跃进情况。县委书记介绍说，1958年全县计划粮食产量比1957年增长60%—70%。我们一听吓一跳，增长60%—70%的跃进？他说全县现在生猪有25 000头，到年底增加到9万头，翻了几倍；全县地方工业有60家，

到年底要发展到458家。我以"纯煤"笔名写了一篇采访《山西文水大跃进的调查报告》，在《图书发行》报发表了。

文水县委书记说，农村扫盲要"两年突击，三年完成"。当年80%农民是文盲，识字的也不过是小学水平，真正的中学生很少。扫除文盲，改为"两年突击，三年完成"，我很受启发。县委指示书店要大力支援农业，要支援全县的地方工业，要紧密配合农村的扫盲运动。农村扫盲，识字课本要供应上来。扫盲完成以后，得巩固扫盲成果，供应通俗读物。我们了解这个情况以后，就在县书店——文水支店开座谈会。文水支店有10个人，都是青年小伙子，主要座谈根据全县的大跃进计划讨论文水支店如何大跃进。现在年轻人不知道当年多有干劲，白天工作，晚上开会，大家坐在小凳子上，连开"夜车"，都很积极。

县支店经理动员支店同志鼓干劲，你一言我一语，气氛热烈，纷纷表态。在讨论1958年图书销售增长率问题时，大家想来想去说增长50%，我怀疑能否增长50%那么多。但是支店同志一致表示要增长50%。周天泽也有疑问："不能光说增长50%，那得提出具体措施。"人家也有措施——发展义务发行员，既是区乡干部又是义务发行员，白白帮助书店卖书，人多当然可以卖得多了。同时，供销社售书点也要巩固起来大力发行扫盲读物，我们一听也有道理，现在想想，这个增长指标还是高指标。我们都是干了多年发行工作的，周天泽同志抗日战争后期就在苏北、苏南搞书店工作。上海解放后，任上海新华书店经理兼上海发行所经理。他认为，不可能增长那么多。人家说增长50%，我们半信半疑。按历年的销售实际，每年图书销售增长10%，已经够高了。

随后，我们回到太原的山西分店，当时正在反右倾，大跃进的氛围非常高。山西分店的干劲也很足，完全打破了八小时上下班的概念，白天不能开会，都是晚上开会。我跟周天泽两个人参加他们的店务会议，山西的店务会议由经理主持，科以上干部参加。大家反复算账。那个时候连夜开会，一开会都开到半夜两三点钟，没有什么上下班。家都住在省书店大院，房子比较多。我们就住在省新华书店大院的招待所。连续开了两晚上的会，深夜两三点钟散会，我困得不得了。山西店务会议经过反复算细账，最后敲定，1958年山西全省分支店销售指标要增长40%，考虑到文水是先进店，我们按平均数来算增加40%，想差不多吧。

根据这次调查的情况，总店于1958年3月8日在上海召开第四次分店经理扩大会议。这次会议由我提供材料，周天泽副总经理亲自动手准备，他来起草会议的报告、总结。这也是总店召开会议的风格，每次召开分店经理会议，均由总经理王益自己动手准备，主持总店工作的副总经理周天泽也是自己动手，不当"甩手掌柜"，这种精神是很好的。

陈含章：全国哪个地方的出版发行大跃进运动最厉害？

郑士德：就全国出版发行系统来说，大跃进氛围最高涨的是上海。第四次分店经理扩大会议的代表有各省（市、区）新华书店分店经理、大中城市新华书店经理，还有各省都派一位农村发行先进的支店经理参加。1958年上半年，各省店都属总店领导，当年很多门市部都是总店拨款建起来的，像西安、长沙、沈阳都是这样的，下半年才改由总店与各省（市、区）文化局双重领导。

在上海召开分店经理会议的同一天，文化部也在上海召开"全国出版工作跃进会议"。当年还没有新闻出版局，除了上海有出版局外，各省文化局主管出版的副局长和全国出版社社长参加了出版工作跃进会议。总店召开的第四次分店经理扩大会议实际是"全国出版工作跃进会议"的组成部分。两个会议的开幕式合并在一起，主持会议的是文化部党组书记、副部长钱俊瑞，开幕式报告也是他来做，动员大家向上海学习，实现出版发行工作的大跃进。上海的一位副市长和上海出版局局长到会介绍了上海的跃进经验。大会开幕式后，我们分店会议的代表们到上海新华书店（含上海发行所，至少有七八百人）参观了"反浪费、反保守"的大字报现场展览，给我的印象很深。

当时，大跃进就是写大字报，谁写的大字报多，跃进精神就高。我记得晚上9点多钟了上海新华书店的职工们都不回家，还在埋头写大字报。仅仅几天时间就写了20万张大字报，拿毛笔写，一张一张贴，我们会议代表就在那看大字报。大字报写的多，显示政治上比较风光，不写或者写的少就是落后，谁都想当积极分子，谁也不想当落后分子，所以大家都不回家，都在那里绞尽脑汁写大字报。

分店会议代表们看了大字报，很受感染，回到会议的住处（上海新华书店广东路招待所），也连夜不睡觉写大字报，主要批评总店的领导保守。还写大跃进的保证书、倡议书和挑战书——这个省分店和那个省分店挑战，或者这个县店和那个县店挑战。会场四壁都挂满了大字报，代表住宿的走廊两边也挂满大字报。当年，上海的跃进口号叫"拳打保守指标，脚踢落后定额"。

四次分店经理扩大会议就是讨论怎么跃进。我的任务是编写会议简报，那么大的会至少有100多人，就我一个人负责写会议简报。会议分了八个组，这八个组由上海新华书店抽调人，担任各组会议记录，然后晚上开会汇报各组讨论情况，都是连轴转。我每天要写会议简报，把八个小组的记录员召集到我那里开会，各小组的记录员把情况汇报给我，小组会记录也交给我，然后由我连夜编写会议简报。黎明前编好简报，由打字员打印出来，请上海新华书店装订成册，发给会议代表，同时报送中宣部、文化部的领导。那年我29岁，身强体壮，每天编好会议简报只睡两三个小时赶快起床参加会议。否则，编会议简报光听别人的汇报也不行。与会代表吃早饭，我还在睡。我醒了以后，急急忙忙跑到外面街上的小饭馆，吃点油条、豆浆，就急急忙忙跑回参加会议，愿意参加哪个组就参加哪个组。

开会期间，文化部副部长陈克寒主持出版会议，也到我们分店会议上讲话。他向我们介绍上海跃进怎么好，说的是出版要注重质量，发行也要很好地配合，实际上鼓吹的是高指标。他介绍上海的大跃进打擂台经验，动员书店代表也要"打擂台"。怎样打擂台呢？就是把分店经理会议代表分成三个大组，一个是分店经理组，一个是大中城市店经理组，还有一个是县支店经理组，分成三个大组分别开会"打擂"。由各组代表分别上台发言，叫"比武打擂"。这个代表上台介绍我这个单位大跃进，怎么跃进。大家上台（擂台）发言比谁的干劲高，谁的大跃进精神足，谁敢想敢干。这个代表上台说我的年增长指标50%，另一个代表登上"擂台"说："你下去，你那个不行，保守，我们书店要增长70%"，再一个又上来"比武"，"你也保守，我们书店要增长100%"。一个比一个的增长指标高，这不是比武打擂嘛。当时分成三个组，总店领导安排我主持县支店这个组"打擂"。县支店代表有30多人，都是小伙子，都是全省书店的佼佼者，到了会上，谁也不甘落后，你增长多少，我比你增长的更多！

"你方说罢我登场"，一个一个这么轮流地上、下，最后有一个说："我们今年的销售要比上一年增长120%！"大家没人敢上了，你光说增长不行，你得说你的措施。通过措施大家也可以互相启发，同时也是比武，你敢上吗？不敢上，下去，我来。当时我是打擂的主持人。1946年我就开始搞发行工作，到1958年已经有十多年了。虽然有经验，明明知道不可能增长到120%，也得违心地鼓掌欢迎，按陈克寒副部长的指示："尊重群众的首创精神，不能泼冷水。"我的怀疑，只能检查自己有右倾思想。另外两个组也很热烈，与会代表打擂台的情况都差不多。

陈含章：大家都认可这种"打擂台"吗？有人质疑吗？

郑士德：会后，有的代表反对打擂台。我记得沈阳市店经理林金武，他说我们增长8%已经不少了，你们都胡扯。大家批评他保守，他说，保守就保守。像这样实事求是勇敢的人也有，但是少数。多数代表对打擂"胜利者"一般也持怀疑态度，如果公开反对的话，你会被扣上右倾的帽子。个别人不管这套，你说我右倾，我就右倾，那怎么着？由于会议气氛太热烈，大家也不会太严肃。

对于高指标的过激状态，总店的几位副总经理也注意到了，提出"不要片面地强调销售高指标"。当时，总经理王益是出版局长，主要在出版会议。发行会议这边还是由周天泽主持，按照总路线"多快好省"原则，最后他做分店扩大会议总结：多，销售多（图书销售册数增长40%，销售金额增长32%）；快，周转快；好，发行效果好；省，费用省。会上"打擂台"一冲击，总的印象，还是鼓吹高指标。

我查了1958年的《图书发行报》，上面都有这个数字（40%，32%）。这个主要根据我们在山西调查的基数，其他什么周转快，效果好，费用省，也都提了，但是会议讨论的主题是怎么把图书销售指标增长上去，其他三项没人反对，实际上仅仅是说说而已。各个省、地、县的书店系统开会，都强调多快好省，最后还是层层加高图书销售增长率，到了各省开会就不是40%了，到了地、县书店更高了。"打擂台"打的就是鼓吹销售多。

现在反思，这次会议实际上鼓吹了高指标、浮夸风。上海会议也导致了秋后图书发行"放卫星"。当年全国基层县书店都要高指标，书要卖得多，就要加大进货量。进货量盲目加大，实际上卖不了那么多，造成严重积压，周转快是句空话。有的县书店发行量上去了，也增长不少，很多书是向公社、生产队勉强发下去的。书发下去以后，有的拿回一些书款，多数欠着不付款，造成坏账。发不下去的书，造成积压，发下去的书收不回书款。

三、总店精简机构

1958年6月文化部发出通知，全国新华书店的管理体制彻底下放。原来各大解放区的新华书店都是分散经营的，1949年召开全国新华书店出版工作会议，强调集中统一。

1950年，周恩来总理签发的国务院决定，就是全国新华书店实行集中统一，分支店的人、财、物统一归新华书店总店管理，在政治上接受当地党委宣传部领导。这种双重领导体制，不是胡来的，像胡愈之、叶圣陶、黄洛峰、徐伯昕等老出版家根据他们多年的经营管理经验设计的双重领导体制现在看来还是有道理的。像银行是统管的，铁路是统管的，邮局也是统管的。由于出版集中，图书发行系统的主渠道也需要集中管理，统一领导。对于重要著作的发行要有比较，要加强指导，有批评，有表扬，不能完全市场化。

旧中国时期，商务印书馆有自己的分支系统，在省、市开书店，中华、大东、世界、开明等各大书店都要设立分支店。新华书店总店搞了分支机构，是周总理签字批准的。1958年文化部把新华书店的分支机构"彻底下放"了。当然，其他行业也有下放的，中央当时也强调下放，但是中央强调是政府机构的权力下放，政府的权力下放是行政权、审批权。没有讲企业，企业不一定下放。新华书店总店所属分支机构是发行渠道，需要企业集团性质加强管理。彻底下放，有的支店竟下放到街道了，造成人员调动频繁，许多制度被破坏，很混乱。"彻底下放"后，分支店的名义撤销了，分店叫省新华书店，支店改称市、县新华书店。

总店变成文化部指导全国图书发行工作的职能部门，总店人员从230人精简到30人。总店动员下放，每人都得报名申请下放支援边疆，我也积极报名下放。当年人人争当积极分子，必须报名下放。报名是报名，最后没有下放我。总店被精简的200人，有些分配到北京各出版社，多数人下放到新疆、贵州、青海、甘肃。到新疆不是到乌鲁木齐，而是下放到库尔勒等地。总店原来的办公楼在前门廊房头条10号，是花了折合一千多袋面粉的价格从私商手里买的。总店迁到文化部出版局，总店原来的办公楼安排科技发行所占用。不久，三年困难时期为精简机构，科技发行所合并到北京发行所，廊房头条10号办公楼空了，那么多房子，文化部办公厅看中了，把它换给了北京市商业局。文化部办公厅在东城区换到一套大院，作为文化部职工宿舍，又换了一套楼房宿舍，交文化部所属的艺术院校等单位作为职工宿舍。

总店剩下的30人迁到了文化部出版局，那时，文化部大楼在朝阳门内大街，总店分到了文化部五楼，与文化部出版局合署办公。出版局长王益又是总经理，发行业务归总店管，编辑、印刷、出版业务归出版局管，出版局和总店的党组织为一个党支部，出版局副局长史育才（总店副总经理）1959年升任总店总经理，总店副总经理兼北京发行所经理王璟，主管总店日常工作。1961年王璟升任总经理，华青禾调任总店副总经理，副总经理周天泽调任文化部计划财务司司长。

原来总店有七个处室，迁入文化部出版局，精减机构改成了两个室：研究室、编刊室，后来又增加一个办公室。当年总店是"管天下、管脚下"。"管脚下"是指领导北京、外文两个发行所，一个储运公司和总店在通县投资新建的图书发行干校。为培训在职的市县书店经理，总店在通县买了一大块地方盖了一所图书发行干部学校。三年困难时期，干校合并到文化学院。然而文化学院只办了一年，也因三年困难撤销了。

"管天下"就是以文化部名义管理全国的省、地、县新华书店的图书发行任务。"管脚下"是指北京发行所等直属单位，包括人、财、物都由总店领导。"管天下"就是人财物都不管了，作为文化部出版局管理全国发行工作的职能机构。它又不同于出版局的处级机构，可以直接用总店的名义给各省（市、区）新华书店发通知，还可以直接召开省店经理会议，有些重要文件是以文化部名义发下去的。

我被分到总店的编刊室，任编刊室副主任，当时没有主任，有两个副主任，编刊室的另一位副主任徐炽汉，是抗战干部，比我大五岁，排名在前、我在后。总店编刊室主要编《图书发行》报，每周一期，四开四版，发给各省、市、县的新华书店。必要时也编辑出版专业用书。

我和徐炽汉没有明确分工，两个人经常到各县店采访，不是他下去就是我下去。我以纯煤笔名经常发表记者采访文章，开始我不会写评论文章，在工作中慢慢地学会了。

徐炽汉人很好，经常写评论文章，几乎每期都有评论。报纸的指导思想主要看评论，在当年大环境下，《图书发行》报也带有"左"的倾向，鼓吹图书发行"大跃进""放卫星"、大办公社书店等等都是我们的报纸在"煽风点火"。

当然，现在也不能完全否定，当年办报很关注基层书店，比较"接地气"，很多都是县支店通讯员直接给《图书发行》报写稿子。不像现在，有的行业报往往是记者电话采访的大篇幅文章，基层单位活动报道少，多是报道集团领导人的。《图书发行》报的文章很短，具体经验多。

四、参观嵖岈山人民公社

1958年8月，文化部出版局组织出版社编辑参观组，由副局长史育才带队组织，到全国第一个人民公社——河南遂平县嵖岈山人民公社参观学习，总店派我也参加了这个由10人组成的参观组。我们在这住两天，半个月前，中央各部委以及不少省县参观组都来这里参观学习。地委书记在嵖岈山公社召开的大会，介绍创办农村人民公社和大跃进的成果。我们去得晚，只能听地委书记的录音报告。地委书记说，嵖岈山公社亩产粮多少万斤。再过两年，要是粮食产量太多了，怎么办？可以做饲料，发展畜牧业。还要种果树，农民可以吃自产的水果。我听了以后很受鼓舞。

各村（生产大队）都食堂化了，我们乘汽车去参观。那里离县城70多华里，公路两边挂着盖帘，盖帘上写着广告标语。村户里的锅呀什么的都砸碎了，集中起来，吃食堂，用不上那小锅了。我们参观了食堂，感觉不怎么样。参观了红专大学，那红专大学刚建，里边也没什么东西。只挂着红专大学牌子，据说农民在这里上课，学化肥、农药知识，自己做化肥，红专大学靠实践，不靠书本。对此我没有怀疑，只是感到不简单。现在反思，这是典型的"浮夸风""共产风""高指标"。

我参观了红专大学，当时认为很好，感觉"万事开头难"，以后会发展起来的。地委书记描述的农村人民公社富裕景象，就是两年以后，这粮食吃不了，粮食没地方装（亩产几万斤当然没有地方装了）。让我很受感动，没有怀疑。后来我们参观河南新乡郊区的大炼钢铁。那里集中了成千上万男女老少农民，建了很多土高炉，大炼钢铁，叫土法炼钢。有很多小脚老太太，在那里坐着不动，我们当时也没有怀疑，只是感觉"了不起"。

土法炼钢是以军事建制把农民变成团营连排，让人感觉特别热闹，郊区到处都是土高炉。我们是搞发行的，也要配合，我和冶金出版社的编辑找了土法炼钢的领导人——团长、营长（实际就是农村公社的头头），调查了解"小土群"、土法炼钢、群众性炼钢情况，了解这方面需要什么科技书，我们好编、好发，为之服务。

陈含章：您参观时对土法炼钢怎么看？有没有对炼钢的科学性产生过怀疑？

郑士德：这次到农村参观公社、土法炼钢，我感到大跃进、总路线、人民公社（当时叫三面红旗）了不起、正确，从没怀疑它是错误的。因为新中国成立前，我的家乡是日本统治下的东北，当亡国奴受尽了苦难。经济落后，没有现代工业。现在建设社会主义，我们是不要命的，要把一天当作二十年，大干快上，超英、赶美！当时就有这个心情和愿望。说毛主席有这个心情，老百姓也有这个心情，至少我也有这个心情，宁可少活十年，也要把中国搞强盛。新中国成立前，我国只有90万吨钢，美国有上亿吨钢，我国太落后了。所以，要以钢为纲，大干快上。这种思想按现在的话说是革命干劲有余，科学精神不足，忽略了客观规律，急于求成。

农民比较贫困，识字人口少，在农村卖书，卖得很少，县书店下乡卖书赔钱，发行通知硬要供销社卖书，当然也赔钱。许多县书店认为基层供销社领导重视不够。在农村，人民公社成立以后，大办公社书店。公社"有钱"又有权，由县新华书店供书，由公社派两三个人就办起书店。在我的记忆里，农村公社书店约1958年8月开始成立。在大跃进急左思潮的影响下，仅仅半年时间，供销社售书点都垮了，取而代之的是全国农村迅速建立了四万处公社书店。

那时，我认为好得很，农村发行问题解决了。王益也写文章说："多年来我们农村发行解决不了，现在找到路子了——公社书店。"公社书店好不好呢？当然配备专人好，图书品种多，每个公社都办起了书店，方便农民购书。但是公社范围很小，卖书量很少，特别是农民文化程度低又没有钱，公社书店卖书，要活下去，怎么办呢？靠公社党委，它归公社党委管。卖毛主席的书，《为人民服务》《愚公移山》以及农业合作化小册子，这些单行本都很便宜。许多小册子是靠公社通知发到各个生产大队、生产小队的。

遍布广大农村的4万个公社书店，一开始都很红火，发书也是靠公社通知勉强发行，书发下去不少，但是真正起作用的不多。

我们总店和它的《图书发行》报都鼓吹公社书店好，所谓"发动群众，大搞群众运动"发行农业科技书。为了让"钢铁元帅升帐"，强调大力发行炼钢的科技书，实际是发行小、土、群炼钢的小册子。

据统计，1958年下半年，全国新华书店共发行小、土、群炼钢书4 000万册。实际卖钱不多，都是几毛钱一本。小册子是靠行政力量、靠通知发下去的，现在想起来，土法炼钢浪费了大量的人力物力。因为在秋收大忙季节，抽出大量劳动力土法炼钢。1958年基本上风调雨顺，结果却是丰产不丰收，农村劳动力都抽去炼钢了，影响了劳动力。

陈含章：看史料，我们文化口也搞大炼钢铁。当时的情况是怎样的？

郑士德：文化部也炼钢，怎么炼呢？在文化部后院，文化部各个司、局都建有土高炉，我们总店也砌了个土高炉。由我担任排长，实际带队的是总经理王璟，白天工作撂下，晚上连夜干，烧煤、炼钢，废钢铁哪来的呢？文化部行政处也不知道从哪里搞来许多废钢铁，我们把这些废铁在炉子里烧。开始没有鼓风机，炉火不旺，我就跑到某修理店，用洋铁制造了一个鼓风机，通上电力一吹煤火旺了，就燃烧起来了。土高楼都是耐火砖砌的，我到广安门附近的特种钢厂联系，拨给我们炼钢的耐火砖运回文化部后院，大家"七手八脚"砌了土高炉。我这个排长实际等于搞后勤的了。

结果小土炉出了煤气，我们嗓子都哑了。每天晚上都炼钢到半夜两三点钟，那时候文化部在朝阳门内大街，我们宿舍在和平门延寿寺街刘家大门，深夜没有公共汽车，总经理王璟带着我们几个人走回去，从东四走回去要一个多小时，到家快天亮了，睡两三个小时赶紧起来又去上班，这么折腾了十多天，结果炼出什么来？本来是旧钢铁，最后炼成了焦子。什么都不是。怎么办？收摊。当年我只认为文化部没有经验，土法炼钢失败。

尽管我们土法炼钢失败了，却仍然认为农民炼钢是成功的。以为人家有技术员，搞大规模土法炼钢，可能成功。

五、图书发行"放卫星"

1958年秋天，《人民日报》连续报道各地农村"放卫星"，亩产几万斤。"小麦、水稻亩产两万斤"，红薯杂粮产量3万斤，更多了。《人民日报》真有照片，六七岁的小孩，可以在密植的小麦上站着不倒。实际上密植不一定产量高，报上的照片是伪造的。1957年秋深翻土地，深翻到什么程度，我下乡看到深翻农田五六尺深，结果把生土翻到上面，种庄稼只能减产。

报上说，农村"放卫星"，某县的亩产超万斤。在这种浮夸风的影响下，有些县新华书店也不甘寂寞，我们《图书发行》报道某县书店短期内向农村发行通俗读物、毛泽东著作单行本多少万册、上百万册，也叫书店"放卫星"，小册子发得越多，卫星就越高。

1958年深秋，总店在陕西长安县召开由部分省店经理参加的图书发行"放卫星"现场会。总经理王璟主持开会，那次现场会我没有参加，我却报道了这个会议。长安县书店一个月向农村发了86万册图书，真是不得了！还请县长做报告，其实都是通过公社一层层发下去的。县长在报告会上说，这不算什么，今年到年底全县要大搞图书发行群众运动，年底以前将向全县农村发行620万册图书。620万册，天文数字啊！一个县就向农村发行600多万册书，我只感到惊奇，但不能怀疑。要尊重群众首创精神，不能泼冷水。今天反思，这就是浮夸，怎么能够发那么多书?!

现场会以后，南方有的县书店也开始"放卫星"了。《图书发行》报道：广东惠安由县委挂帅，出动了1 160名干部和教师

"苦干10天"，向农村发行小册子180万册。县书店的人很少，发行力量主要靠农村教师和文教干部。广西桂平县店"大干20天"，向农村发行了378万册！

陈含章：这么多图书发下去，农民又没有那么大的阅读需求，最后怎么处理了？

郑士德：《图书发行》报错误地推广县书店"大跃进"，发行的书大部分起不到什么作用。不少农民把小册子当卷烟纸了！

当年的12月，周恩来总理批评文化系统"放卫星"是错误的，要立即停止。王益总经理传达了，"文化系统不能放卫星"。我们听了传达以后，就不再报道"放卫星"了，县书店也很少寄来这方面的稿件了，可能是层层传达下的。

出版发行部门的大跃进问题引起党中央重视。1959年3月，中共中央发出通知，强调出版社出书要注重质量，两三天出一本书，其实哪有那么快，都是剪了报纸，剪巴剪巴就出一本书，出版社剪，新华书店就发。中央宣传部为了纠正出版业不注重质量问题，发出通知，发行不能搞数字竞赛，不能在群众中强行推销图书。那时向农村强行推销图书，不是书店出面，而是公社干部卖书、发书，实际上，县书店应负主要责任。

1959年春，湖北省新华书店召开支店会议动员大跃进、再跃进，我随周天泽副总经理参加了这次会议。会议讲的当然都是"左"的了。在这个会上，我们发现湖北省枣阳县书店农村发行工作搞得好，发行人员同农民在一起参加劳动，边劳动、边宣传、边卖书。这个典型值得推广，周天泽派我到枣阳县书店去，具体总结他们的经验。这样，省店派一位副经理还有两位科长陪我去了枣阳。那时候的枣阳县店大跃进也是白天工作、晚上开会。县书店设有会议室，县书店同志坐在小板凳上，围一圈人开会，有时开会到深夜两三点钟，熬得人也打瞌睡，大家互相监督，谁打瞌睡就批评谁。

调研后，我们为枣阳县店总结农村发行"四边工作法"：边劳动、边宣传、边联系、边卖书的经验，我组织湖北省新华书店同志写文章，我也写文章，又出了一本书，叫《枣阳县店农村发行大跃进》。不到半个月，编了这本书，还请湖北省委宣传部长密加凡写了序言（实际是我代笔，密加凡改了几个字，他同意后，我们就出了这本小册子）。总店出版，向全国新华书店内部发行。现在看来介绍的经验很不成熟，也有浮夸风。什么边劳动，当时我也做了一些调查，县店农村发行员和老乡关系搞得很好，但是推广不了。你下乡几天，干两个小时，解决不了问题，我当时却信以为真，就编书推广，还在《图书发行》报介绍"四边工作法"。

从1959年到1961年，历史上称"三年困难时期"。在三年困难时期，我们书店没书可卖。出版用的纸张少了，教科书要保证，毛主席著作要保证。那是典型的卖方市场，买书要走后门。

第六章

三年困难时期

陈含章：1958年"大跃进"运动开始，一直持续到1960年冬才被叫停。期间经济重心从农业转向工业，大量人力资源从农村流向城市，各行各业"浮夸风"盛行，直接导致了1959—1961年三年经济困难，出现了严重的饥荒，饿死2 000多万人口。这次想请您讲讲，在这种时代背景下，当时我们的出版发行事业都受到了哪些冲击和影响？在其中又发挥了什么作用？您个人身处其中，有什么直观的感受？

郑士德：1959—1961年史称三年困难时期。图书供应十分紧张，是典型的卖方市场。由于"大跃进"和人民公社化失误，加上连续几年的自然灾害，1959—1961年，我国出现严重的经济困难。粮食减产，各种物资短缺。1959年出版界还没有感受到出版物供应多么紧张，最先感受到粮食紧张，在出版界真正感觉供应紧张的是1960年—1962年。从1959年起，由于粮食供应紧张，各级干部粮食定量普遍减少。当年，北京还是比较优待的，过去，我每月的粮食定量是30市斤（以下均为市斤），三年困难时期减少了4斤，不算过多。但由于副食供应紧张，蔬菜供应也紧张，特别是油、肉、蛋的供应特别紧张，没有油水就感到饿。

我母亲是家庭妇女，当年50岁左右，粮食定量从每月的30斤减到23斤，减得厉害，当然不够吃了。全家人定量都减少了，副食匮乏，肚子里没有油水、吃不饱。我爱人和我、母亲都发生营养不良性浮肿，大腿一按一个坑，浑身没有力量。按道理讲，如果真正吃粮27斤基本够了。国家对17级以上干部有照顾，每月补助1斤黄豆、1斤砂糖，人们戏称"糖豆干部"。我是15级的"糖豆干部"，但是不能自己都吃，有家庭就得照顾母亲，照顾两个孩子。我两个孩子很小，才四五岁。

粮食定量减少，我还是要节省一点，不能27斤都吃掉，总要留一点补助老人的口粮。孩子正在长身体，也要让他们吃饱。这种情况在北京来说还是比较普遍的，我们单位的干部差不多都这样。

为了减轻国民经济困难，国家减少城市人口。凡是1958年从农村迁到城市的人口，一律动员他们返回农村，1958年在城市参加工作的员工也要清退。新中国成立初期有一批发行员，是在农村发展的，替新华书店卖书，但不是正式职工。经过多年，表现好的变成了国有职工。按地方上规定，家在农村的都被清退回农村，全国新华书店清退了2 000多人。还有一条规定，为了减少城市人口，要砍掉小商店。新华书店对私改造的时候，很多私营书店都是小书店，1956年底，这些小书店都归并为新华书店，店主也成为新华书店正式员工了。全国大中城市新华书店砍掉2 000多处小书店、小门市部，多数都是夫妻店，被砍掉了。北京东单有几家小书店经营很好，但都没有了。图书供应紧张是从1960年开始的，由于工农业生产倒退，出版用纸严重短缺，没有纸印刷，出书大减，图书供应空前紧张。当时还没有电视、多媒体，很多文艺小说、连环画册成为群众文化娱乐的必需品，供应特别紧张，原来文艺书都是出版十几万到二十几万册，甚至上百万册，三年困难期间因缺少纸张只能印几千册。

文化部出版局局长王益亲自拟定了《文化部关于加强计划发行缓和当前图书供应工作中紧张状况的通知》，于1961年4月由文化部副部长胡愈之签发。《通知》说："全国各地，特别是大中城市，图书供求关系出现了十分紧张的状况。一些重要书籍，好久没有得到补充，新出版的书籍，品种少，数量少，进不敷销，……读者纷纷反映买不到书，意见很多。"

为了缓和图书供求之间的紧张状况，《通知》提出了七项措施：一、调查读者需要，求得心中有数；二、改进图书在各地书店的分配工作；三、加强计划发行，满足最迫切需要的读者，重点满足图书馆、资料室的需要，读者可以借阅；四、清理库存，调剂有无，使书籍分布尽可能合理；五、开展旧书回收再销售；六、改造利用租书摊、铺，开展租书业务；七、改善服务态度，对于供应紧张的书，要耐心向读者宣传解释。

总店根据上述通知精神，安排北京、上海发行所制定了《图书分配办法》。全国图书货源集中在北京、上海，所以京沪发行所对各省市区新华书店（含市县书店）紧缩图书发货范围，严格区分城乡、区分地区，有些书只发城市店，不发县书店。在新书分配上，按照各省市区的人口数和历年图书销售额，制定比例，按比例分配。对大城市特别是首都北京，给予照顾，这个按比例的《图书分配办法》经总店召开的省店经理会议讨论通过，经文化部批准下发。1980年初，因纸张供应充沛，才按各地书店报订数发货，京沪发行所的《图书分配办法》随着图书供应充沛而陆续废止。

国家出版局有储备纸，为缓和图书供应紧张状况，拨出7 500吨纸重印最紧俏的书，时称"点菜出版"。1960年我调任总店研究室副主任（未配备主任），还有一位副主任主管出版局和总店的党支部工作以及总店人事工作。我负责提供的重印书即"点菜出版"共26种，主要是我国古代文学名著和外国文学名著，由出版局拨给纸张交有关出版社重印。发下去后深受读者欢迎很快售缺。然而"文化大革命"一来，"点菜出版"被批判为忽视政治，古代小说被批判为宣扬封建主义，外国文学名著被批判为宣扬资本主义。工作队发动总店职工写大字报点名批判我反对毛泽东思想，质问我为什么不印毛主席著作？当年因毛主席单篇本著作备货较多，并不紧张，所以未印。因为我主持提印"点菜出版"26种书，被批为"厚古薄今，崇洋媚外。"

当年总店只设三个机构：编辑室（编《图书发行》报）、办公室（联系总店直属单位北京发行所、储运公司等）、研究室（主要研究全国新华书店的业务、经验和倾向性问题）。缓和图书供应紧张状况的收售旧书、开展租书、清理存书等项工作由研究室负责。

　　研究室没有多少人，搞业务研究的包括我在内只有两个人，还有一人管图书资料。文化部提出的七项措施，除《图书分配办法》是总店办公室联系北京、上海发行所制定之外，其他几项如收售旧书、开展租书、清理存书以及"点菜出版"等，均由研究室承担具体工作。由于出版图书的种数、册数减少，要求各地新华书店有计划地缩小供应范围，"满足最需要的读者"，优先供应图书馆。读者买不到书，可以到图书馆借阅。这就是当年提出计划发行的基本内容。关于收售旧书、开展租书以及清理存书加强调剂等项工作，均由研究室制定具体办法。

1959 年，新华书店总店编刊室副主任郑士德。

关于收售旧书，由我拟定了《旧书收售办法》，以总店名义于1960年6月印发全国新华书店参照执行。旧书是指新中国成立后出版的再发行的书，各市县新华书店都要开展旧书收售业务。这项工作出版局局长王益非常重视，我根据他的授意起草了文化部、商业部《关于加强旧书回收工作的联合通知》，经王益局长核发，派人与商业部联系，由两位部长会签发出。废品回收由商业部主管，《联合通知》规定，废品回收部门收购的旧书不要立即送造纸厂化浆或处理掉，要经过当地新华书店或古旧书店鉴别、挑选。对于有价值的古书，由古旧书店收购、再发行；对于新中国成立后出版又可以销售的旧书，由当地新华书店收购、再销售。各市县新华书店根据文化部、商业部的《联合通知》，普遍成立了旧书收售部。对于旧书收售分工、价格鉴定等具体操作按照总店发出的《旧书收购办法》办理。各市县新华书店派专人经常到废品收购站、造纸厂挑选新中国成立后旧书。挑选旧书又脏又累，十分辛苦，但成效显著。据统计，1961年全国新华书店共收购新中国成立后出版的旧书3 500万册，其中80%都卖掉了。

为了起草《租书办法》，我和研究室另一位同志到天津调查了租书情况。天津市新华书店的中心门市部设立了租书部，很受读者欢迎。读者每天花一两分钱租到热销的文艺书，可以回家阅读，对缓和文艺书供应紧张状况发挥了很大作用。天津市店不仅自己开展租书业务，还对个体租书摊铺提供货源，优惠批发。在天津的大街小巷拥有许多租书摊，主要出租连环画册和文艺小说。当年，许多小学校实行二部制，即小学生人数过多，学校缺乏教室和教师，分上下午两拨到学校上课，上午上课，中午放学就没事了。许多小学生在街头租书摊，花一分钱租阅连环画册。

他们坐在小板凳上读得津津有味。我们根据天津市店开展租书业务的经验，起草了《新华书店租书办法》，由总店总经理签发，发给全国新华书店参照执行。

各市县新华书店普遍设立了租书部，主要出租文艺书和连环画册。同时，也加强了对个体租书摊铺的批发工作，在批发折扣上给予优惠，许多供销社售书点也开展了租书业务。三年困难时期，租书业务大发展，是图书发行史，也是我国文化史上的一大特点。新华书店开展租书业务对缓和供需矛盾，充分发挥社会效益起到了重要作用。河北省获鹿（现石家庄市鹿泉区）县新华书店有600多个租书品种，主要是文艺小说和连环画册，一本《穆桂英》连环画册，8个月租阅了646人次。新疆石河子新华书店1962年共租阅105万人次。重庆市新华书店所有门市部都开展了租书业务，还发展了223个租书摊，一年租了900万人次。北京、天津的租书摊更多。经营租书摊的多为退休工人、家庭妇女或老人，把租书摊一摆，弄几个小凳子，就可围上一群小学生，在那里租阅连环画册，当时称"小人书"，有利于丰富精神文化生活，成为京津沪等大城市街头一景。

这些租书摊到20世纪80年代还有。20世纪90年代我去河南洛阳地区的几个县书店，仍有租书业务。至于街头上的租书摊却少多了。这同小学校新建教室和教师增多，取消二部制授课，以及电视等多媒体发展有关。

三年困难时期，在新华书店系统，一方面图书供应紧张，另一方面许多书店存书积压严重，不少书卖不掉。因此，清理存书，调剂存缺是缓和图书供求紧张关系的重要措施。1961年夏天，总店派我到广西壮族自治区新华书店，共同组成联合调查组，去广西桂平县新华书店进行清理存书试点。联合调查组由我任组长，还有北京发行所发行科长王鼎吉、广西区店业务科长李名魁以及区店的两位业务干部，共5人组成，在桂平县店工作了一个月。广西区店经理高万枝对联合调查组的工作很重视，曾两次来桂平县店了解清理存书试点情况，对试点工作给予大力支持。

桂平是广西的大县，有80万人口，经济、文化条件比较好，是太平天国的发祥地，金田村起义就在该县。我们联合调查组的5个人与桂平县店经理，清理桂平县店库房存书，对于造成积压的原因进行反复讨论，基本取得共识。

在清理存书的后期，我们走访了桂平县江口公社书店，清理了这家公社书店的存书。江口公社的学校教员对公社书店的意见很大，主动向我们反映说，公社书店是公社党委领导的，公社不断发通知要求我们购买毛泽东著作单篇本，报纸上发表的文章出版了小册子也要求我们购买，真是苦不堪言，不买就是忽视政治，买了又没有时间读。

清理存书试点结束后，我回到总店，起草了清理存书试点工作报告，经总店总经理王璟签发报送文化部出版局，原以为到此为止，没想到被文化部转发。出版局副局长王仿子对这个报告很重视，要求我补充清理存书工作的细节，上报给文化部。文化部办公厅主任仲秋元再次要求我补充相关数据。1962年2月22日文化部转发了《新华书店总店关于清理存书试点工作的报告》。

陈含章：这篇报告还有留存吗？

郑士德：有，《图书发行工作文件选编》（1950—1963）一书中刊载了这篇报告（以下为报告内容抄录）。

文化部转发报告的批语是：

新华书店总店和广西壮族自治区书店在桂平县书店摸了一下存书的情况，帮助清理了一部分存书，这个工作作得很好。

桂平县书店在清理存书前，库存图书达一百五十多万册，其中在本地难以销售而可以调出的约有八十五万册；该店从1952年以来一共上缴利润七万三千多元，而在这个时期内报废的图书实洋达二十三万元。一个县书店今后如何经营，如何把守进货这个关口，很值得大家研究。现把新华书店总店这个报告发给你们，并请转发给县书店研究。

目前出版纸张十分紧张，检查存书合理分配是一件十分必要的工作。报告中的几点建议，请你们考虑是否可行，并请十分注意防止在清理存书时可能发生的任意报废图书的事情。

主送：各省、市、自治区文化（出版）局，新华书店总店

抄送：中共中央宣传部，国务院文教办公室

附：关于清理存书试点工作的报告

1961年7、8月间，我们和广西壮族自治区书店共同组织了工作组，在广西桂平县书店进行了清理存书的试点工作。现将试点中了解到的主要情况以及我们对今后清理存书的建议报告如下：

（一）

1961年6月底，桂平县书店和该县公社书店共存书二百二十七万册，三十三万元，其中图书一百五十万册，十八万元；课本七十七万册，十五万元。经过治理，这个县可以调出图书（不包括课本）八十五万册，占库存图书的56%，其中，有十七万册是其他地区急迫需要的脱销书。例如，在北京严重脱销的少年儿童读物，桂平就可以调出十万册，其他如党政知识读物、学文化补充读物等等，也可以大批调出。这样做对于支援其他地区缓和

图书供应紧张状况将起着一定的作用。这说明有些县书店的存书十分不合理，极应进行清理、调整。

这个县书店的存书不合理情况，还可以从历年来的统计数字中得到反映：

	1952年	1953年	1957年	1958年	1959年	1960年	1961年
图书销售增长%	100	128	178	336	352	283	
图书存货增长%	100	207	837	2 037	3 038	3 038	262
报废亏损失金额（实洋元）					37.647	160.826	32.3

从上表可以看出，1952年到1960年桂平县店图书发行量增长1.8倍，而图书存货却增长29倍，这还没有把近两年的报废书计算在内。这个书店从1959年3月以来共报废图书23万余元（实洋）。1960年一次就报废了16万元。如果把报废书算作存书，则目前存书较之1952年增长70倍。报废书款是自治区财政厅拨下来的，在书店的账面上未列入发行费用内。如果用这笔损失抵消书店的上缴利润，则十年来这个书店纯亏损15.7万元。

存书不合理增长，为书店企业经营带来严重困难。第一个五年计划时期，桂平县书店图书资金平均每年周转3.1次。1958年到1961年上半年，由于存书急速增长，银行贷款越来越多，平均每年只周转0.6次。1961年上半年只周转0.2次。贷款越来越多，利息支出越大，发行费用也因之越来越高。1953年发行费用只占销货的6.30%，1961年上半年则占24.8%。桂平本是广西人口最多、生活富裕、文化发达的县份之一，可是这个县书店却在1961年上半年纯亏损7 000余元。

(二)

桂平县书店积压的图书，主要是四类：(1) 配合运动大量发行的书积压严重，仅县书店就积压了 51 万册；（2）一般图书品种繁多，存书数量超过需要。县书店库房存书达 1.1 万千种，超过北京王府井综合门市部和儿童读物门市部存书品种的总和，但多半是在当地卖不掉的书；（3）工业技术书籍积压严重，县书店共存十五个工业出版社出版的书籍 1 200 余种，2.4 万余册，需要调出的品种和数量均占 85% 以上；（4）课本积压严重，在 77 万册课本中，估计只有十几万册还能用。

造成积压的原因，看来有这样几个：

第一，书店同志对于为政治服务的理解有片面性，认为书发得越多，就是服务得越好。甚至对某些本来没法配合的运动也勉强配合，结果造成积压。例如，全县开展整风整社，本来没有适当书进行配合，书店却勉强地选了一本山西版《怎样当个好社员》，一次进来 1 万册，由于不适合当地情况，发不下去，积压了 7 000 余册。全县业余剧团开展《刘三姐》演出，书店供应一些剧本是必要的，但不一定要发行很多，可是县书店却自己印了 10 万册《刘三姐》，在全县扩大发行，结果存下了 7 万余册。此外，有些学习文件，在报刊上已经发表，又要出版单行本，即使少发一些也并不碍事，但由于过分强调配合，在进货时就满打满算，按着"人手一册"的办法发行，往往由于学习计划变动或出版较晚，使大量的单行本积压下来。

第二，盲目扩大农村图书发行网，甚至违反政策，强迫摊派。这个县共有 19 个公社书店，每店如配备一个营业员每月至少要卖 300 元图书才勉强够开支。从当前农村读者的真实需要来看，有不少公社书店每月正常营业额是达不到 300 元的。为了使这些公社书店吃得上饭，就得人为地扩大发行额，往往以配合运动为名，找些书作为"重点"，依靠组织力量按户数，按教师、学生的人数大发特发，实际上是一种摊派。例如，该县石咀公社书店，在1961年上半年共卖了1 600元图书，其中近1 000元是卖的"重点"书。这些书包括《高举毛泽东思想红旗》《认真学习毛泽东思想》《农业是国民经济基础》毛泽东选集第四卷单篇本等共15种书，均是以小学教员为对象，基本上人手一册。此外，还搞了"读红书运动"，平均每个小学生买了3本书，教师们对这种做法是有意见的。有位教师反映："支部动员，不能不买，怕人们说政治上落后。"人为地扩大发行量，也并不是那么容易的，有时发得不顺利就造成严重积压。据统计，这个公社书店到1961年7月底共存图书2.9万册，其中属于大量发行而造成积压的达8 800余册，占公社图书库存的30%以上。由此可见，在客观需要不大的一般农村，人为地保留公社书店，既容易产生变相摊派，又容易造成严重积压。

第三，进货工作贪多图全，乱抓货源。一般书籍所以积压较多，主要是图书供应紧张以来，县书店乱抓货源造成的。近两年来，书店规模大了，公社书店的摊子多了，进货胃口也就大了。用桂平县店经理的话说："反正供应紧张，不怕存得多。"于是见到订货目录就加码多订，中央版发得少就多订地方版的。结果进来的许多书籍或者因品种重复，或者因加码多订超过当地需要，或者因内容质量不高，不断积压下来。就工业技术书籍来说，所以积压严重，主要是对当地农村工作基础估计过高，许多工业书就全县来说只是个别需要，应当个别解决，但因不了解实际情况，主观认为是普遍需要，大量进货，并且不断向公社书店主动分配。石咀公社只有1部发电机，3个工人，一年多只买过《柴油机检修》等3本书，但石咀公社书店却备有电工书27种40余册。有些公社根本没有发电设备，也同样分配到不少电力书籍。

这就不能不造成积压，类似的情况很多。

第四，存书积压也有客观原因。例如，课本存货主要是外部原因造成的。1960年秋季，学生人数变化很大，发下的课本，学校纷纷退订，使桂平县店造成严重积压。去年积存下的九年一贯制课本绝大部分都不用了。农村扫盲课本积压也很严重，全县原计划1961年底实现农村扫盲高小化，1960年春季，县文教局指示书店印足15万套课本，当时书店认为太多，但在文教局一再催促下只好照印，结果全都积压下来。此外，工业技术书籍的积压也有客观原因，1961年全县工业项目进行了调整，或多或少影响了这些书的销售。

桂平县书店的积压情况，集中说明这样一个问题，目前农村图书发行事业的规模过大，超过经济基础的需要。据了解，类似的情况在其他地区也同样存在，不过像桂平县书店存书积压这样严重，这样突出的还是少数。

（三）

1961年底，桂平县书店的清理存书工作告一段落，共计调出存书20余万册，支援了北京、西安、广州、重庆、南宁等77家书店，此后还在继续调出。在工作组协助下，桂平县书店对清理存书中发现的问题，提出了一系列改进措施。广西壮族自治区文化局和区书店对这项工作很重视，在1961年9月中旬专门召开了现场会议，以桂平县书店的清理存书材料为"教材"，组织县书店经理进行了讨论，并对深入开展这项工作作了新的部署。

根据这次试点经验以及1961年各地清理存书的情况，总店对进一步治理存书提出如下建议：

一、建议各地文化行政部门加强对这项工作的领导，教育书店干部深刻认识清理存书的意义，督促他们组织力量，安排时间，把全部存书清理一次。督促省级书店制定全省（市、自治区）继续清理存书的规划，最好组织专门工作组，分期分批帮助市县书店彻底完成此项任务。

二、存书经清理后，对于积压量较大的或长期滞销的书，应尽可能在各地区之间互相调剂，不成套的多卷集，应由省级书店统一调查各地的存缺情况，组织配套；某些过去认为难以销售的书籍，应重新估计它们的作用，合理利用；某些过时的课本，也可以卖给青年作自修之用。清理出来的书籍，如有需报废的，一定要报请省级文化行政部门审查批准，防止任意报废销毁。

为了合理发挥存书的作用，省级书店应将全省（市、区）的主要存书情况迅速掌握起来。凡是难以在省内调剂的，要集中建立起存书卡片，以便在大区之间和全国范围内进行调剂。

三、清理存书要和总结经验教训、教育干部、改进工作相结合。看来，1961年对这方面的工作注意不够，1962年应当特别强调。各地书店在清理存书过程中，必须下定决心，拿出足够时间，发动全体职工细致地检查存书。要定出计划，不要立即铺开，草率进行。最后要经过检查找出存书不合理的原因。要注意运用存书积压的具体材料教育干部好好总结经验教训，切实改进图书进发货工作，防止今后再发生大量积压。最好通过这次检查分析，对业务思想、工作制度和经营管理，进行一次彻底的整顿。

上述报告，是否妥当，请批示。

新华书店总店
1962年1月

陈含章： 库存积压一直是书店经营的老大难。您这次库存清理，一方面通过存书调配缓解了个别地区图书供应紧张的情况，更重要的是揭示了在如此艰难的时期还存在有资源浪费。《报告》印发以后，反响如何？

郑士德： 文化部转发新华书店总店《关于清理存书试点工作的报告》后，引起各地文化（出版）行政部门和新华书店的重现，普遍开展了清理存书工作。总结了经验教训，加强了存书调剂。上海发行所召开华东6省市的存书调剂会议，收效很好。经各地文化（出版）行政部门层层审查核准，共报废图书近亿元，由国家财政部门拨款7 500万元（实洋），不足部分由各地书店自行承担损失。

1962年6月，由总店承办，以文化部名义在北京和平宾馆召开了图书发行工作会议，各省文化局和省新华书店负责人到会，主要议题是检查落实"缓和图书供应紧张"的七项措施。文化部出版局局长王益亲自参加会议。他在此次会议上代中央起草了《清产核资领导小组通报》："原则上撤销公社书店"，"公社书店的存书由各县新华书店收退。公社书店撤销后，由基层供销社经营图书"。这个文件的正式名称是《中央清产核资领导小组第12号通报》。大跃进期间在全国农村迅速建立的4万处公社书店，基本上被撤销。

为了恢复农村供销社经营图书，王益同志指定我起草了文化部与全国供销合作总社关于农村供销社恢复图书经营业务的联合通知。在王益、王璟的指导下，我总结了县书店委托农村供销社经营图书的经验教训，明确农村图书发行工作应以县新华书店为主，供销社力量为辅，建立长期合作关系。对于农村图书市场的安排，日常货源和发行力量的组织，应由县书店全面规划，统筹安排。县书店暂不在农村建立门市部。基层供销社设立的售书点应采取图书专柜形式，一般不必开设图书门市部，不应不加选择地普遍设点。县书店应加强农村流动供应工作。供销社以门市守点为主,店社业务往来要因时、因地、因书制宜,可采取代销、经销等多种购销形式,完全由供销社自定。

大跃进时期建立的公社书店,挫伤了基层供销社经营图书的积极性,现在又要求他们恢复图书业务,不仅要靠上级领导机关的通知,还要从政治角度强调支援农业的必要性。王益把"联合通知"的题目改为:《文化部、中华全国供销合作总社为支援农业进一步加强供销社兼营图书的联合通知》,1963年4月26日供销合作总社从大局出发,签发了这个联合通知,文化部则由胡愈之副部长签发。

经过一年来的工作,以供销社售书点为标志的农村发行网重新建立起来。"文革"期间,不少农村供销社主任因图书销量少,"不够重视",被扣上"反对毛泽东思想"的罪名——"靠边站"。在极左思潮支配下,供销社售书点达到10万处,许多自然村的供销社分销店也形式主义地摆上几本毛泽东著作单篇本,算是供销社售书点。1978年12月党的十一届三中全会以后,国家出版局召开会议,对供销社售书点进行了实事求是的整顿。20世纪基本保持4万处左右,农村供销社图书业务发展得较为正常。

陈含章: 但是这几年供销社售书网点数量在急剧下降,据《中国新闻出版统计资料汇编》统计数据,2015年还有537个网点,2016年只剩75个网点了。

郑士德: 从1961年起到1965年,总店总经理王璟给我一个任务,就是每年1月,起草《新华书店总店对××(当年)年图书发行工作的意见》。起草的工作量很重,要充分搜集信息、资料,肯定去年工作成绩,指出全国新华书店倾向性问题和解决措施,并结合政治形势对当年的工作重点提出若干条,经总店店务会议反复讨论通过，再由文化部出版局局长核定，报文化部主管副部长签发，以文化部名义转发各省文化厅（局），抄送各省级书店。文化部转发后在《图书发行》报上全文刊登，供各县市书店贯彻执行。1966年，我下乡搞"四清"，由他人起草。

1964年，文化部被批判为"帝王将相部、才子佳人部、外国死人部"。由中宣部副部长周扬主持文化部开展了整风，各位副部长被批判为"右倾"，调离文化部，文化部司局长也多被调离，出版局局长王益被降为副局长，由商务印书馆总经理陈翰伯任出版局长。

陈翰伯同志对发行工作也很重视，他对总店的《1964年图书发行工作意见》反复推敲，概括出农村发行力量应该实行"专、兼、群三结合"。即县书店（专营图书）、农村供销社（兼营图书）、群众性发行员（群）。翰伯同志概括的"专、兼、群"很有指导意义。各县书店按专、兼、群组织和壮大农村发行力量，卓有成效。1964—1965年全国农村发行工作开展得热火朝天，新华社、人民日报、光明日报纷纷发表向农民供应图书的消息，人民日报还刊登了华君武"图书下乡　吓跑了灶王爷"的漫画。

第七章 「四清」与「文革」十年

一、参加农村"四清运动"

陈含章： 郑老，这一讲想请您重点讲讲您在文革十年期间的亲身经历。在此之前，1963 年至 1966 年 5 月前后，在农村和少数城市、工矿、企业、学校等单位还开展了"四清"教育运动，您在此次运动中都有哪些经历？

郑士德： 先说"四清运动"。不仅政府部门，当年的国有企事业单位也都要抽调干部参加农村的"四清运动"。什么是"四清"？按照文件规定，"四清"是指在农村（那时候还是人民公社）以公社生产大队为单位，生产大队下面设有小队，清政治、清经济、清组织、清思想的运动，主要涵盖了政治、经济、组织、思想四点。

"四清运动"是从 1963 年到 1966 年开展的。

陈含章： 新华书店总店是如何开展"四清运动"的？您被派到了哪里？

郑士德： 我们新华书店总店先后两批参加"四清运动"。第一批由总经理王璟带队，总店人很少，总店所属的北京发行所、外文发行所、储运公司的员工比较多，加在一起有上千人。第一批王璟带队 80 多人到黑龙江省宁安县马莲河公社搞"四清"。我没有参加第一批。

我是第二批参加的，由总店新到任的副总经理华青禾带队，含发行所、储运公司有五六十人，被分配到河南林县的一个公社生产大队搞"四清运动"。在未到村之前，首先要参加集训，学习"二十三条"。

当年文化部整风，几位党员副部长都给降职调出去了。新来的几位副部长，我记得有石西民，作为文化部副部长，他向文化部参加"四清"的工作队做动员报告。大概是在1965年7月就要出发了,我参加总店的河南林县"四清"工作队也准备好出发了。然而,人家都走了,却把我留下了,说我不用去河南林县了,抽调我到中宣部"四清"工作队。

陈含章：中宣部"四清"工作队有多少人？都来自哪些部门？主要的任务是什么？

郑士德：中宣部"四清"工作队60多人,也要先培训。这个"四清"工作队不完全都是中宣部的人,包括文化部、教育部、高教部、科学院和学部。这几个部的党组归中宣部领导,所以从这些部门也抽调一些人。我是作为文化部出版局（总店）系统抽出来到中宣部"四清"工作队的,我重新参加短期培训,当年（1965年）9月才出发。

中宣部"四清"工作队队长是中宣部干部处长赵进,指导员是中宣部出版处副处长许力以（当年,中宣部下面只设处,没有设局,虽然叫处,处长都是局级干部）。我数了一下,根据袁亮的说法,中宣部抽出22个人,文化部抽出10个人,教育部、高教部、科学院、学部也都派人参加。中宣部参加"四清"工作队的局级干部有6位,另外,高教部和教育部也各派一位司长参加,司局级干部共8位；其他的都是处级干部、科级干部和教员。中宣部"四清"工作队的力量比较强。景山学校归中宣部领导,学校教员也参加了,都算在一起了。

为什么要抽调文化部、教育部、高教部、科学院、学部这些人来参加中宣部的"四清"工作队呢？原来设想搞完"四清",在"四清"的基础上开展农村文化建设试点。文化部参加中宣部"四清"工作队的有教育司的、有艺术局的、有群众文化局的、有出版局（总店）的、农村读物出版社的、有政策研究室的,还有中央乐团的、中央美术学院的、北京图书馆的、中国电影公司的、幻灯厂的，各派一人。这些单位都归文化部领导，文化部选这10个人挺有道理，因为出版社要出农村读物，要有编辑；我在总店就是搞农村发行的，所以抽调我参中宣部"四清"工作队；另外要到农村画画，所以美术学院派了一位教师，电影局、群众文化局、幻灯厂、北京图书馆，加上艺术局，几位同志都准备在"四清"的基础上，搞农村文化建设试点。

陈含章：通过开展"四清运动"，搞农村文化建设试点，可见当时的出发点还是很好的。工作队去了哪里呢？

郑士德：中宣部"四清"工作队是到河北省武清县杨村公社的孔官屯（含文官屯）和大刘庄搞"四清运动"。为什么选这几个地方呢？因为这几个村交通比较方便，都在京津公路边上，从天津去北京的公路就要经过孔官屯。大刘庄离京津公路只有四华里，也不算远。孔官屯离杨村（武清县县城）18华里（现在，武清县归了天津市，那时候属于河北省的天津地区。天津地区当时不在天津，而是在廊坊，地委在廊坊）。武清县"四清"工作团都不是武清县的干部，是河北省大厂县委奉命组成武清县"四清"工作团到武清县工作。中宣部"四清"工作队归武清县"四清"工作团管。中宣部"四清"工作队是中央单位，一般都是按照中央"四清"文件自己搞"四清运动"。赵进是中宣部局级老干部，过去在老解放区多年搞农村群众工作，经验比较丰富。赵进又是天津地委"四清"工作团的党委委员，有时他要到廊坊—河北—天津地委"四清"工作组开会。中央、省委关于"四清"的文件都直接发给他。

中宣部"四清"工作队的六十多人，一般都分到生产小队，除了队部留几个人以外，每个生产小队要派一个或两个队员搞

"四清"。我被留在队部工作,我留在队部干什么工作呢?主要是到各个生产小队找"四清"工作队员了解情况,问"四清"工作是怎么开展的,群众有何反映等等,然后记下来整理一个提纲。经赵进、许力以两位队部领导认可,我再拿着这个提纲到杨村的武清县"四清"工作团汇报,每个星期都要去汇报。我们这个"四清"工作队队部驻在孔官屯,孔官屯交通很方便,就在京津公路的旁边,离县城杨村18华里。我就骑自行车沿京津公路跑县城,县"四清"工作会议每个星期要开一次,有时候指导员许力以有事,有什么问题要开会传达,我就去,回来向队长、指导员汇报。

陈含章: 队部有几个人?

郑士德: 队部只有很少几个人,当年中宣部出版处干事袁亮同志也在队部工作,他是搞资料写东西的。还有搞民兵工作的也在队部,队部除了队长、指导员,就是这几个人了。"四清"工作队部占用三间房子,一明两暗,我和袁亮两个人住一个小间,队长、指导员住另一小间,中间的房间比较大,开会用,也有两张床,住着搞民兵工作的两个人。

陈含章: 除了调查汇报工作,您还参加过什么活动?

郑士德: 我除了到各生产小队去了解情况、调查汇报、上情下达、下情上达以外,队部领导还指定我也参加一个生产小队,叫孔官屯第12生产小队,离孔官屯只有1华里,叫西庄子。在12队搞"四清"工作的是一位女同志,她在科学院植物园工作,北京农业大学本科毕业,30多岁,搞果树种植。有一次她回北京,到植物园拿了很多葡萄插秧枝交给队里,教插葡萄。那个队现在的葡萄树大概发展起来了。我主要帮助她搞"四清",本职工作忙完了,晚上的时间我就到12队。因为那个队就她一个人搞"四清"，其他队都两个队员。12 队社员们都欢迎我去吃派饭。到社员家吃饭给饭票，一天一斤饭票，给 3 毛钱，那时候的 3 毛钱币值大概值现在的十多块钱吧。那里条件比较好，经常可以吃到蔬菜，社员们自己生产的粮食都是新粮，贴玉米饼子特别好吃。我是轮流到三家社员家里吃饭，同时利用吃饭时间了解 12 队农民对"四清"工作的情况反映。

陈含章："四清运动"中，有不少地方借此整人、搞批斗，你们工作队当时遇到过这种情况吗？

郑士德："四清运动"进展到 1966 年 5 月，"文化大革命"爆发了，"五一六通知"作为发起"文化大革命"的标志。中宣部首当其冲，被批判为"阎王殿"，要"打倒阎王，解放小鬼"。所以在"五一六通知"以后的 6 月份，中宣部"四清"工作队就解散回北京，工作人员也回到各单位去了，原来在"四清"基础上搞农村文化建设试点工作的计划没实现，泡汤了。

二、我眼中的"文革"

陈含章："文化大革命"就是革文化的命，文化部首当其冲，出版局作为文化部的一个部门，受到了很大的冲击。"文革"中，文化部被批为是"才子佳人部"、"帝王将相部"，部里的领导和工作人员成了"走资本主义道路的当权派"，这些批判的依据是怎么来的？又是通过哪些具体的手段进行批判改造的？您当时都有哪些见闻和感受？

郑士德：我写过一本书叫《中国图书发行史》（高教版、中国时代经济出版社修订版）专门有一章讲了"文革十年"。该书写了"红宝书"发行情况以及周总理支持出版工作等情况，介绍得很具体。我现在讲的是我自己在"文化大革命"的情况。

1958年6月新华书店总店从200多人减少到30人，迁到文化部大楼（现在的朝内大街外交人员服务部），总店同文化部出版局合署办公。当时的局长王益，副局长史育才，先后兼任总店总经理。1963年，王曝任总经理。1963年，毛主席曾批评文化部是"帝王将相部、才子佳人部、外国死人部"，这三顶帽子都不得了。1964年秋天，在中宣部副部长周扬组织下，文化部进行了整风。当年的文化部整风是以司局为单位开小组会，各司局小组会都是处以上干部参加，我当时参加文化部出版局的整风小组会，除了出版局和总店的处级干部以外，还有文化部所属的出版社社长、总编辑也都参加了。

出版局具体整些什么问题，我现在印象不深了，主要是出版的书有问题，批判了有关"帝王将相、才子佳人、外国死人"的出版物。在文化部礼堂召开整风大会，周扬慷慨激昂地做报告，主要批判文化部党组的几位副部长，后来都降职调走了。别的局我不知道，出版局局长王益，整风后降职为副局长，那么谁来当局长呢？是陈翰伯。陈翰伯原任商务印书馆总经理兼总编辑，他调任文化部出版局长。

这次文化部整风，几位副部长被降职调出文化部。新调来几位副部长，南京军区政委肖望东中将任文化部常务副部长（部长由中宣部长陆定一兼任）。为突出政治，文化部建立了人员众多的政治部，干部多是从部队调来的，政治部主任颜今生是一位少将。来的人多了，文化部办公楼不够用了，让新华书店总店搬到沙滩红楼办公。我之所以要说沙滩红楼，是因为跟后边的"文革"有关系。我被抽调到中宣部"四清"工作队，就是从沙滩红楼参加的，孔官屯的"四清运动"搞了9个月，我又回到沙滩红楼参加"文化大革命"。

陈含章："文革"中，大字报铺天盖地，相互揭发、批斗，您当时被写过大字报吗？当时文化部被夺权，新华书店总店是否也被夺权了？

郑士德：我回到总店，"文革"已经开始，第一次进驻总店的军宣队是"二炮"派来的。他们首先动员给总经理王暻写大字报。王暻同志是老干部又是工农干部，一般写文章、起草文件都是由我这个所谓"笔杆子"动手的，所以揭发批判王暻的大字报不多。军宣队动员，轮流给处级干部写大字报。说是轮流的，可是先指定给我写大字报。因为很多文件都是我起草的。我感到十分委屈，心想"谁干活谁倒霉"，不干活的、搞运动的那些人反而成了积极分子。我拼命干，最后都错了。一张很突出的大字报说我是"忠心执行刘邓路线的黑干将"，有的人把我起草的文件都找出来，说这个错了，那个也错了。

我病了，有几天没上班，军宣队怕我自杀，还特意到我家来看我，因为当时就有自杀的了。但我觉得我是奉领导之命起草的文件，还不至于自杀吧。有人写大字报说我反党，为什么呢？说我的笔名叫"纯煤"，纯粹的煤，说煤是在地底下的，最深的底层，这表明"你觉得你受压，没重用你，认为纯粹倒霉"。这种解读让我很委屈，当时又不敢解释，其实"纯煤"意味着我要做纯净的煤，投入革命的大熔炉里，发光、发热直至变成灰烬，没有一点杂质，这不挺好吗？但是人家不这样想。其实"文革"时期也没办法，这个同志不是对我有意见，只是要写大字报。

写的大字报多，就说明是拥护毛主席、拥护"文革"；不写，当逍遥派，就代表落后，当时是这么一种心态。后来，批判资产阶级反动路线，派到总店的军宣队撤走了，总店只有一个群众组织，叫"五敢纵队"，因为总店人少，只有十多个人参加，他们夺了总店的"权"。

陈含章：总店的批斗会有没有过火的行为？有没有打死人，关牛棚之类？

郑士德：我也进过"牛棚"，受过审查，相当于批斗。有几次批斗会，大家都坐着，你说我也说，你说我"不老实、态度不好"，我想，态度不好就不好，反正也没什么了不起的，到运动最后做结论再说。因为过去搞运动都是最后再做结论。总店人少都是老同志，都知道搞运动这一套了，没像其他单位那样过火批斗。"文革"后，80年代后期，总店分配来几位大学生，有位女大学生跟我讲起"文革"时的情况说："你怎么那么傻啊？你怎么不跑呀？"你往哪跑啊，因为给你工资呢。当年再怎么搞，工资还是照发。现在可以跳槽，当年可没这个条件。

下放到湖北咸宁"五七"干校不久，我就被"解放"了，恢复了党组织生活。我还被连队评为"五好战士"，我当了一排的排长，又抽调到第四大队党委搞宣传工作。

陈含章：您是哪一年下放到文化部"五七干校"的？和总店一批下放的还有哪些部门？您对这次下放抱有什么样的心情？下放途中都有哪些难忘的经历？

郑士德：1969年4月，奉文化部军宣队之命，我们总店全体人员下放湖北咸宁文化部"五七"干校。总店人员少，只留京一位留守人员。

1971年，总店大多数人已到五七干校，只安排一位70多岁的老同志清理总店档案。按上级规定，有两种档案，一种是临时的可以销毁，另一种是永久保存的送甘肃保存。结果，这位老同志糊涂到什么程度呢？他把永久保存的一箱档案销毁了，把临时的档案留下了，可以销毁的没销毁，不该销毁的却销毁了。三年困难时期，总店抽调北京发行所一些人编写业务教材，教材稿子写出来后，总店领导交出版局一位副局长审稿。这位副局长怕犯路线错误不敢审，只得压起来，作为永久保存的档案存档。非常遗憾，"文革"期间这些应该永久保存的书稿却被毁了。

"五七"干校是军事编制，叫连队。总店人员到干校的时间最早，叫先遣连队二连。1969年4月初就去了，文化部机关和所属多数单位去得晚，到了9月才下去。校部重新编队，我们变成十一连。十一连由总店、中国印刷公司、中国印刷物资公司、外文发行所这四个单位的下放干部组成。总店、印刷公司、物资公司的人数都很少，全体下放到干校。由总店领导的外文发行所多数干部和学员（外文发行所办的高中生训练班）下放干校劳动，少数干部留下工作。令人意外的是，去干校的火车快开了，欢送外文发行所下放干校的军宣队突然宣布说："外文发行所撤销，你们（指外文发行所下放干部）不要想回北京了，要在五七干校干一辈子吧！"可以想象，外文发行所下放干部的心情如何！不久，该所未下放的留守干部被并入中国图书进出口公司。总店在通县新建成的外文发行所办公大楼、库房、宿舍以及宽阔的公园式场地，被文化部军宣队一声令下，无偿地拨给了中国图书进出口公司！

我们从北京到达咸宁县城是下雨天，去五七干校的公路还没有修好，县公路局贴出告示："晴通雨阻"。因为是土路，下雨天汽车行驶在土路上，公路就被破坏了，而且汽车也容易陷入泥坑里。

总店军宣队不理睬"晴通雨阻"这一套，认为下雨天正好练人。他寻来两辆汽车，满载床板和下放人员的行李，沿土路冒着大雨在泥路上行驶。刚离开城郊，汽车就在土路上陷了。车轱辘越转，陷得越深。我们被派来跟车劳动的七八个人，只好下车，冒雨穿着塑料雨衣，前边用绳子拉汽车，后边推汽车，费了九牛二虎之力，刚刚把陷入泥路的汽车推出来，走了几步，汽车又陷下去了。只好再拉、再推……我们跟车劳动的人，被雨水淋得像落汤鸡一般。最倒霉的是在后边推汽车的人，被汽车喷了一身泥。就这样，走走停停，到达目的地——专家湾村（文化部五七干校附近），已经天黑了。从县城到专家湾村只有30华里，我们卸下床板、行李，已经晚上9点多钟了。

陈含章： 你们连有多少人，主要任务是做什么？

郑士德： 我们连队120人，分为四个排，总店是第一排。我们先遣队下放干校的最早，任务是开山修路。在公路旁有个小山，挖开以后修成公路才能到达五七干校校部，当年称"四五二"高地，要开山挖山，只靠我们一个连的人力不够，开山修路靠推土机，推出的土得用人工平地。开始挖山的时候，附近的老乡就反对，不让开山，认为"那是龙脉，破坏了风水，不好"。我们请公社干部做工作，最后公社下命令，"必须开山"，老乡有意见也没办法。

陈含章： 当时文化部下放人数最多，但是地位却不如军宣队。据说，当时的军宣队好多做法很不近人情。他们一到咸宁就称自己是"飞鸽牌"的，文化人是"永久牌"的。现在回过头看，您怎样看待当时的军宣队？

郑士德： 文化部下放干部最多，有6 000多人，连家属都得下去。和别的部比起来，文化部为什么下放这么多人呢？这是"四人帮"的阴谋。张春桥"指示"文化部军宣队说："对文化部系统要实行'犁庭扫院'。"是指要把文化部系统的干部清除得"干干净净"，用"下放"的名义把绝大多数文化部干部都赶到"五七"干校,让他们长期在农村安家落户,"永不录用"。

当时,有位著名作家(延安时期的老干部)在干校写诗,其中有句诗"遥望北京",意思是他到了南方,北京是首都,是毛主席所在地,他很想念北京。这句诗被主持文化部"五七"干校的军宣队张参谋长抓住了,断章取义,他在全校数千人参加的大会上批判这位作家不安心在干校劳动。他说:"我们(军宣队)是'飞鸽牌',很快回北京了。你们(文化部下放干校的干部)是'永久牌',你们要永远扎根在农村,老老实实吧,别想回北京了。"这样一说,大家心里凉了,要永远在这里扎根落户了。

张参谋长对下放干校的几位文化部副部长(都是老革命家)毫不客气,说训斥就训斥。初春天气很冷,有一次我们十一连拉着板车到湖区拉泥(挖了泥,拉回来制瓦)。在湖区我们看到几位老部长打着赤脚在水沟里劳动,那么冷的天,同志们十分心疼。这几位领导同志都是六十多岁的老革命家,校领导一点也不照顾他们。

陈含章:"五·一六"通知是1966年下发,您是1969年被下放到"五七干校",这个通知对当时的你们还有影响吗?

郑士德:我到干校不久,"文革"的"斗批改"就结束了,该"解放"的都"解放"了。突然,校部开始追查"五一六"分子。当年,这也是政治运动,表现得很"左"。追查要从实际出发,得调查研究。校部领导却主观主义地怀疑许多人是"五一六"分子,公然搞"逼供信",不坦白交代就是顽固不化,就狠批狠斗。

回想起来,当时下雨,我们披着雨衣在广场上开全校批判大会,批斗一位女同志。说她是文化部机关的"五一六"首要分子,"顽固不化,死路一条"。几千人的大会,下着雨站着批斗。

她不承认，她本来就不是怎么承认呢？不行，必须承认。各连队也是这样。

以十二连（北京发行所下放干部）为例，追查"五一六"，大搞"逼供信"，怀疑哪个人是"五一六"分子立即批斗，威逼利诱，必须坦白承认。承认之后逼他揭发别人，搞得人心惶惶，一个咬一个。被迫坦白了，还得咬别人，这个连队有130人，结果120人都成了"五一六"分子。

校部军宣队表扬十二连运动搞得好，说很有成效。我们十一连特意召开大会，邀请十二连坦白典型来做报告，到我们这儿现身说法，交代他是怎么参加"五一六"的。我听了以后觉得有点假。130人的连队，有120人都是"五一六"分子？结果，一个也不是，都是胡编乱造的假口供。我们十一连追查"五一六"比较稳，开始只怀疑几个人，很快否定了。最后只追查了一个人，是总店"五敢纵队"领头人，也搞得很神秘，很"左"，门前还派人站岗，我们都不敢接近。最后也不了了之。

后来，十二连那位坦白交代的"典型"跟我讲："我为什么作坦白典型？我不讲不行啊，我老婆孩子刚从上海接来了，让他们看见，多不好。"然后就编吧，假得你听了之后就知道是假的。所以，追查"五一六"是一个冤案。我们干校6 000多人，根本没有什么"五一六"分子。这场"轰轰烈烈"的闹剧，最终也就不了了之，这也是"文革"造成的。

陈含章："文革"期间的冤假错案、说不清楚的事情不胜枚数。现在回过头来，您如何看待在全国范围设立"五七干校"？

郑士德："文革"期间，不仅搞运动极左，文化部五七干校也是极左产物。文化部投资巨款100万元围湖筑坝，驱使大批干部在湖区搞种田，实在是得不偿失，当地老百姓很有意见，破坏了生态环境，影响了社员收入。

按一般常识，下雨天收割麦子，麦穗会长芽子。长芽麦穗是有毒的，没法磨面吃了。可是张参谋长下命令，要求各连队收割小麦，就是下雨天也要赶着割，结果下雨都淋湿了。我们是工业连队，没有种地，也得奉命帮助农业连队到麦场清理被雨水淋湿长芽子的麦子。这些长芽的麦子有毒，人不能吃，喂猪也不吃，结果损失惨重。老百姓批评说："你们是雨天大干，晴天不干。"晴天干吗呢？晴天开会啊，批判斗争啊。

陈含章：你们十一连的日常生活是怎样的？比如住宿情况、吃饭情况、劳动情况、业余文化生活等。

郑士德：我们作为先遣连队开始到干校的时候，住在专家湾村老百姓家。不久，我们就搭个竹棚，男女分开住。竹棚漏雨，外边下大雨，棚子里边下小雨，止不住。到了初秋，我们就和泥砌墙盖砖房。到了深秋住上了自己盖的房子。一个房间住四五个人。

我们十一连队是工业连队，一开始是脱坯、烧砖。脱坯挺有意思，由故宫琉璃瓦厂的几位老师傅教我们脱坯。我们手忙脚乱弄得一身都是泥，师傅们穿着白小褂干干净净的。我们学习把泥块怎么砸进去才能砸得刚好，弄不好土坯会缺角变形。烧砖是有分工的，我是搞脱坯的。夏天中午特别热，全连同志可以午睡。下午1点我们脱坯的9个人尽快起床，到坯场去修理砖坯。因为泥坯半干不干的时候，正好拍拍打打。我们顶着38度高温，用木拍把尚未干透的砖坯修理好。在师傅们的教导下，我对脱坯劳动很有感情。

第二年春（1970年）我们十一连附近的十二连建成机械化的砖厂，十一连改成制瓦场。文化部军宣队将故宫琉璃瓦厂的压瓦机调给我们十一连，故宫师傅教我们选择什么样的泥（胶泥才能压瓦），怎样闷泥，胶泥要堆成很大一堆，浇水闷泥，闷到一定程度再铲泥放到搅泥机里搅，经过机器搅拌才能压出瓦片。十一连是工厂性质，总店编为第一排，印刷公司编为第二排，外文发行所编为第三排。外文发行所女同志多，负责晾瓦片。我们建成了土窑，选择几个棒小伙子烧窑。烧不好的话，瓦片就裂了。经反复研究，几位小伙子烧出了质量较好的红色瓦片。全连同志非常高兴，连长要求我写烧瓦成功的总结报告，送给校部。我了解情况之后，一宿未睡觉，写出制瓦成功的总结报告。天亮了，我睡了两个小时，又精神饱满地起来干活了。那时，我年轻，身体健壮，一宿未睡觉也无所谓。

我们生产的砖、瓦，只算政治账，不能算经济账。如果要计算干校烧制的砖、瓦，它的成本包括干部工资（未算干校连队开支），每块砖的成本达七毛钱。那时七毛钱很值钱。校部到市上买砖，加上运费，一块砖才三分钱，你看，一个七毛，一个三分，差得太多了。当时只算政治账不算经济账。我们生产的砖、瓦，质量还可以，实际上干校要盖房，仍然要外买砖、外买瓦，我们连队生产的远远不够用。干校种的粮食也不够，主要靠买着吃。小麦、水稻产量都很低，不够人的口粮。第一年，连队生活比较艰苦，从第二年开始，我们虽然是工业连队，也跑到湖区开地种粮，为什么呢？不是我们吃，是喂鸭子、喂猪。房前屋后种菜、养鸭、养猪。后来，干校的生活和伙食大加改善，有时候杀头猪，改善伙食。到了国庆节，杀鸭子，每人可以分半只烧鸭子。

1971年秋天，我被调到四大队队部搞宣传工作，报道四大队各个连队的活动情况给干校政治部和广播站。当时的干校规模很大，有校部、政治部，有4个大队，26个连队，6 000多人。其中一、二、三、五大队都是农业连队。文化部机关、北京图书馆、作家协会、中华书局、商务印书馆都是农业连队，只有四大队是工业大队。

四大队有5个连队：我们十一连制瓦，十二连（北京发行所）烧砖，十三连（人民出版社）烧石灰，十四连（人美出版社，工种忘了），二十六连（总店的储运公司）挖煤。还有两个剧团（红旗越剧团、勇进评剧团）搞运输。四大队队长邢显庭（人民出版社处级老干部），四大队党委书记王子野（人民出版社社长兼总编辑）。四大队队部有6个人：军宣队、党委书记、大队长、搞宣传的、搞专案的、通讯员。四大队队部和十一连很近，在十一连搭伙。原来的军宣队已调回张家口，湖北省军区派另一支军宣队，这个军宣队没有那么"左"。十一连的军宣队只有一人，姓朱，带头劳动，亲自下水田犁地、插秧，后调回大队，也是他一个人。

陈含章：1970年起，周恩来开始关注出版工作的恢复，并于1971年召开了"全国出版工作座谈会"。1972年，包括您在内大部分"五七干校"的同志都返京了，一同返京的还有哪些同志？

郑士德：根据周总理指示，文化部"五七"干校绝大部分同志是1972年回京的，少数人未回来。四大队党委书记王子野就没回来。"文革"前，他任人民出版社社长兼总编辑，延安时期，他就翻译出版了《西洋哲学史》。他在干校拖了两年多，一直到干校结束才让他回京，回来以后也没给他安排工作，住在东直门外楼上新加盖的一间房。"文革"前他曾写文章批评姚文元，王子野文章说，在奴隶社会向资本主义社会转变的时候，资产阶级还是进步的。大概因为这个事不让他回来，回来也不安排工作。

1975年国务院成立政策研究室，经胡乔木等人推荐，他才在政策研究室工作。

陈含章： 返京以后，发行机构有什么调整？您的工作岗位有什么变化？

郑士德： 总店同志回京以后，原来在沙滩红楼的办公楼被其他单位占用，回不去了，怎么办呢？王璟总经理提前一年回京了。当时总店已经撤销。总店的上级领导机关是国务院出版口。国务院出版口安排他到北京发行所，成为北京发行所领导小组成员。后来总店多数同志从干校调回北京，国务院出版口在北京发行所下设总店办公室。"文革"前，总店领导北京发行所，现在北京发行所领导总店办公室。我被安排到总店办公室，具体工作是编辑《图书发行简报》。

1973年初，国务院出版口派我和汪轶千等三人以国务院出版口的名义到新疆维吾尔自治区和新疆生产建设兵团，调查读者对图书需要情况以及苏联的文化侵略。3月初，我又和三人调查小组到了黑龙江生产建设兵团。按照出版口的要求，调查了解兵团战士（知青）对书的渴望。当年书荒得不得了，还了解到苏联对我国边境的宣传渗透。我回来先后写了两个调查报告，一个是新疆的，一个是黑龙江的，主要反映知识青年和干部渴望图书，需要读书，但是没有图书，这两个报告均未得到批复。

1973年9月，国务院决定恢复新华书店总店机构，属司局级建制。国务院成立了出版事业管理局，简称国家出版局。总店归国家出版局领导，总店机构设办公室及研究室，我继续编《图书发行简报》，发给各省（市、区）出版管理机关和省级新华书店，同时上报国家出版局。

第八章
1980年代书店改革

陈含章："文革"给国家和个人带来了严重的灾难,给出版业带来了巨大的破坏。"文革"后期开始陆续进入整顿时期,"文革"结束后,1978年十一届三中全会胜利召开,我国的经济和文化事业从此进入一个新的历史发展时期。郑老,此次想请您讲一讲在这一段社会急剧变化的时期,出版发行业是怎么逐渐恢复工作的?十一届三中全会以后又都进行了哪些改革?您从"五七"干校返京后,都经手过哪些工作?

郑士德：1972年12月我从湖北咸宁的文化部"五七"干校回京,分配到新华书店北京发行所暂设的总店办公室工作。总店办公室只有六个人。我的任务是编辑《图书发行简报》和《图书发行情况反映》(报送上级领导机关),因慑于"四人帮"的严威,《简报》文字关卡得很严。《简报》打出清样先报送国家出版局,经过领导小组徐光霄审阅以后退给我们,才能印发。后来,石西民任国家出版局局长,也是先报送给石西民审阅。有一次总店储备的白报纸用完了,我们只好用储备较多的道林纸印刷《简报》。石西民给总店打电话:"你们不能用好纸,国家出版局要给别人做榜样。总店《简报》用道林纸印刷,有点浪费、豪华。"此后,总店只用白报纸印《图书发行简报》。

1973年,经国务院批准,新华书店总店(以下简称总店)建制正式恢复,仍为局级单位,除领导北京发行所和储运公司外,对全国新华书店负有指导责任,可以召开新华书店会议和发通知,并代表新华书店系统同有关部门联系业务。总店同时又是国家出版局的职能部门——国家出版局发行部,总经理王璟任发行部主任,"国家出版局发行部"印章交总店用印。

陈含章：1976年,党和国家重要领导人周恩来总理逝世,举国皆哀。您当时有哪些见闻和感受?当时的"四人帮"对此有什么举动？

郑士德：1976年1月，周恩来总理病逝。全国新华书店最热销的是周恩来照片，各单位需要大幅的周恩来像，供追悼会用；人民群众则购买普通照片。我曾到北京王府井新华书店了解周总理像发行情况，发现读者排长队购买周恩来照片。许多大学生正在上课，只好派一个人作为代表来购买照片。上海出版的周总理照片销量大增，供不应求。王府井书店临时规定，每位读者限购一张。民族学院（今民族大学）某班级派一位同学来购照片，他受全班同学之托，要求购买30张周恩来照片才算完成任务。书店经理同意他的要求，如数供应全班同学的需要。因照片供应紧俏，许多读者深夜就来书店排队购买。上海紧急加印照片，空运发货，尽管"四人帮"控制，也没用。照片的热销，表明广大人民群众对周恩来总理非常爱戴。我专题编了一期关于广大读者排长队争购周总理照片的《图书发行简报》。

那时，"四人帮"很猖狂，声嘶力竭地叫喊"反击右倾翻案"。他们炮制了《批邓、反击右倾翻案风》等小册子，各单位奉命公费购买，每种小册子都销售2 000万册，但是发下去后，没有人看，成了废纸。"四人帮"迫使人们必须写"批邓"的大字报。大家认为，邓小平刚恢复工作，深受人民群众拥护，我们总店同志对"批邓"很厌烦。但是，上级党委布置"批邓"就得服从，不写"批邓"大字报是政治态度问题。那好，抄报纸，抄上一段，把违心的大字报在单位的走廊里一挂，就算"完成任务"，实际是一种应付、抵制。它表明，"四人帮"已经失去民心。

1976年10月，粉碎"四人帮"，大快人心。我们单位（总店、京所、储运公司）曾列队到天安门广场参加上百万人的庆祝大会，我从内心表示拥护。

陈含章："文革"结束后，出版行业开始进入全面整顿时期。新华书店都做了哪些整顿？

郑士德："四人帮"被粉碎，十年内乱的"文革"相应结束。"文革"期间，有些市县新华书店是重灾区，混乱得一塌糊涂，亟须整顿。总店总经理王璟带着我和业务处干部谢洪炎到湖南等地调研，主题是新华书店如何整顿？整顿什么？我们调研回来，着手筹备整顿基层书店的会议。1977年10月国家出版局在武汉召开了图书发行座谈会。各省文化局和省级书店的负责人到会。我起草了会议主题报告，提出五整顿：整顿领导班子、整顿发行队伍、整顿业务秩序、整顿农村发行网点（加强供销社售书点）、整顿经营管理（县市书店财务上收到省级书店）。

首先，整顿领导班子。有的县书店经理与当地造反派相勾结，夺取部队的真枪实弹同另一派打内战，甚至把书店库房的图书包件搬到书店楼上凉台，构筑打内战的工事。不少图书包件被另一派的枪弹打得百孔千疮。所以，对书店领导班子必须整顿。有些称职的县书店经理被平调走的，必须调回。

发行队伍也要整顿。"文革"中，一批业务熟练、有一定文化程度的营业员被调走，而调来一些文化程度低、初识几个大字的人。据青海省店经理反映，县书店营业员甚至有不识字的（多为当权领导干部的夫人）。"文革"期间实行闭架售书，读者购书隔着柜台由这些官太太（营业员）递过去。由于她们不识字，就问读者是什么颜色的封面。你说封面是红色的，她就将红封面的书递给你看。这怎么行呢？所以，发行队伍一定要整顿。座谈会决定，县市书店人权和财权上收到省级书店。建议财政部批准新华书店系统扩大企业自主权、实行利润留成。此次会议后，新华书店系统开展了恢复性的"整顿"，收效显著。

1977年春，党中央在京召开全国科学大会，邓小平在大会上强调"科学技术是生产力"，知识和知识分子重新受到重视，高考得到恢复。为适应高考需要，知识青年回城急需数理化等方面的学习用书。上海出版的"数理化自学丛书"十分热销，读者排长队购买。1977年秋，为贯彻全国科学大会精神，国家出版局在石家庄召开了科技书发行工作会议。会议的主题报告、会议纪要以及会后国家出版局发出的《加强科技书发行工作的意见》，都是我起草的。此次会议后，各大中城市普遍建立了科技书店或科技书门市部，县书店加强了农业科技书发行工作。

"文革"期间，许多图书被打成"封、资、修"黑货，新华书店被迫下架封存或被红卫兵销毁。各单位的图书馆、资料室的存书被毁。出版工作基本停顿，造成史无前例的"书荒"，广大读者无书可读。为解决"书荒"问题，"文革"后的1979年，国家出版局拨出储备纸，由总店提出重印书目，中央级出版社先后重印了七批图书，共发行7 000多万册，地方出版社也租型重印了大批图书。到1980年，"书荒"问题基本缓解。

"文革"结束，经过批判"四人帮"拨乱反正、企业整顿以及"书荒"问题的解决。20世纪80年代，图书市场出现了欣欣向荣的新局面。总店出版的《图书发行》报复刊，我们请郭沫若同志题写了报头。郭老身患重病，不久仙逝。据郭老的秘书说，"图书发行"四个字是郭老生前最后题写的报头。

陈含章：十一届三中全会以后，图书发行界进行了"三多一少""三放一联"等重大变革，除了这些，新华书店当时还从哪些方面作了深化改革？取得了哪些成效？您在其中参与了哪些工作？

郑士德：根据党的十一届三中全会精神，总店着重抓了两项工作，一是图书发行改革，二是图书发行学科建设，编辑出版了一大批有关"卖书的书"。1976年冬，我被复职任总店研究室副主任。不久，《图书发行》报复刊，我任总店编刊室主任。1981年6月，中宣部任命我为总店副总经理。在总经理领导下，我主管《图书发行》报的总编工作和编辑出版"卖书的书"。

1979—1989年是新华书店系统启动图书发行改革的十年。在党和政府的领导下，总店着重推广了利润留成、开架售书、存书分年核价、经营承包、"三多一少"和"三放一联"等改革措施，极大地推动了图书发行事业的繁荣发展。

一、试行利润留成

早在"文革"后期，经湖南省财政厅批准湖南省新华书店实行利润留成40%，突破了计划经济时期僵化的管理体制，收效很好。1977年，王璟带领我到湖南省店和两个县书店调查，总店准备在全国新华书店推广。经与财政部文教司联系，该司表示可以试行。前提条件是，必须把市、县书店的财权上交省级书店，以便以盈补亏。但是，国家出版局计划财务部负责同志力主出版社、印刷厂、新华书店都实行利润留成，否则都不实行，不能只在新华书店一个系统实行利润留成。而财政部只同意在新华书店系统试行，可以在全系统以盈补亏。由于财政部文教司与国家出版局计财部意见不一致，这项改革被推迟两年多无法推行。直至1978年12月党的十一届三中全会以后，文教司与计划财务部的意见才达成一致。

1979年6月，财政部、国家出版局发出联合通知：从1979年7月1日起，新华书店系统试行利润留成50%，由省级书店以盈补亏（财政部原定利润留成40%，经总店反复争取，改为

50％）。由于边疆少数民族地区的书店经济条件差亏损的多，盈利的少，省级书店无法以盈补亏。《通知》所附《试行办法》规定：集中总店所属单位（北京发行所、储运公司）和上海发行所的利润25％以及京、津、沪三大城市新华书店的利润10％（后改为7％）汇交总店作为对西藏、新疆、内蒙古、宁夏、青海、云南等6个省（自治区）新华书店补助基金。各地新华书店从经营利润所得中提留50％，用于生产发展基金、集体福利基金、职工奖励基金。财政部文教司同志对总店计财处处长刘青轩说：在全行业试行利润留成，只有新华书店系统一家，希望总店抓紧抓好。

试行利润留成只有4年时间（1979年7月—1983年12月），总店共集中补助基金3 600余万元，已全部补助西藏、新疆等6个省（自治区）新华书店，有效地支援了边疆少数民族地区发行事业的发展。例如，内蒙古自治区新华书店共收到补助基金721万元。除自治区书店新建办公用房外，补助海拉尔、满洲里、翁牛特旗等11个旗（市）书店新建门市部1.1万平方米。湖南全省新华书店1979—1989年的10年间利润留成共新建县书店房屋466栋，31万平方米，全省县一级书店焕然一新，购机动车辆107台。总店用所属企业（京所、公司）盈利，对遭受地震、洪水等自然灾害严重的市县新华书店分别进行了一次性补助。

试行利润留成，是对计划经济体制的一大改革。企业有了自主权，调动了企业经营的积极性，全国新华书店运用企业留利新增加书店门市部3 100处，多为现代化的二、三层楼。

1982年6月，国家出版局并入文化部，改制为文化部出版局。总店由文化部领导，归口文化部出版局管理。文化部出版局计财处处长唐砥中认为，新华书店利润留成补助基金，是政府行为，应由该处办理。1984年，总店奉命把这项补助基金交给文化部出版局计财处办理。不知什么原因，出版局计财处只办理了一年就停办了。从此，边疆少数民族6个省（自治区）新华书店失去了补助基金。

二、开架售书是全国新华书店的一项重要改革

开架售书是与闭架售书相反而言的。闭架售书是指书店将出售的图书陈列在书架上或玻璃柜里，在书架前用玻璃柜台隔开，读者选购书要由柜台内的营业员递给；开架售书是撤掉柜台，把图书陈列在书台、书架上，读者可直接接触书，随便翻阅任何陈列出售的图书。

在民国时期，商务印书馆等大中型书店实行闭架售书，但读者可以进入柜台内，直接从书架上选购图书。生活书店为扩大销售、方便读者选购，实行开架售书，把图书陈列在书台子上，读者可以直接翻阅。当年解放区的新华书店也是开架——靠书台子陈列图书。新中国成立初期，各地新华书店仍是开架售书。

但是，开架售书污损书多，盘亏率较高。大城市书店，读者众多，来看书的多于买书的，书台子上的新书，读者翻阅方便，往往被围得水泄不通，到了晚上有些新书被翻阅污损，无法出售。1953年，总店参考苏联的书店闭架，在北京王府井书店进行闭架售书试点。当年试行闭架售书有个理论：书店是卖书的，不是图书馆，读者要看书，该到图书馆借阅。

当时的闭架售书被称为图书陈列方式的"改革"。图书按类划片，营业员实行岗位专责制，每个营业员站在柜台内分管的书架和玻璃柜内陈列的图书，主动向读者介绍图书内容，为了尽量减少闭架售书给读者带来的不便，在柜台上设置书立陈列样书。

读者可以随便翻阅样书，决定购买时，再向营业员提出书名，但这是作为过渡措施，两年以后逐渐撤掉书立。当时提出的口号是：熟悉读者、熟悉书。总店考虑闭架售书只在大中城市书店试行，然而不到一年时间，全国市县书店都实行了闭架售书。

闭架售书最大问题给读者选购图书带来不便，好处是有利于实行专柜专责制。总的来看，不利于贯彻新华书店的方针任务，实际是把方便管理留给自己，把选书困难推给读者。"文革"前夕，著名漫画家华君武曾在《人民日报》发表漫画：读者用望远镜隔着柜台寻找书架上的图书。

"文革"结束，1978年8月国家出版局在石家庄召开科技书发行工作会议，就提出恢复开架售书。但是，许多书店贯彻不利，怕丢书或污损书。开架售书这项改革迟迟推不开。1979年7月，国家出版局副局长王子野为总店出版的《书店工作史科》所作的序言指出："为读者服务问题……有些单位就是改进不多，老样子变得很少。开架售书讲了快一年了，就是不易推广，总是顾虑重重，思想阻力很大。我建议那些思想上不通的同志认真学习解放战争时期东北新华书店是怎样为读者服务的。他们就是那么放手地把书店门市敞开，让读者随便取、随便看，还可以不收费借出去，效果好得很。书店和读者的关系表现得多红火啊！"不仅东北新华书店开架售书，各个解放区以及新中国成立初期的新华书店都实行开架售书，1953年才实行闭架售书。

为了改革闭架售书，1978年11月总店召开十大城市新华书店会议，着重从图书商品特点和发行规律等方面说明开架售书的必要性。会后，许多城市书店开始撤掉玻璃柜台，试行开架售书，但是仍有少数城市书店对这项改革顾虑重重。我曾去某大城市书店，请他们编写《门市工作》培训教材，他们很痛快地答应下来，但是该店主管门市工作的副经理仍对开架售书有抵触。当年，编写《门市工作》培训教材必须强调开架售书，由于该店没有开架，无法总结门市部开架售书的经验。经研究，该书第四节开架售书以及第一节门市工作的服务传统，只好由我来撰写。在书中我用了4页篇幅和十多幅照片介绍了北京、广州、成都、大连、桂林、长沙、满洲里等店门市部开架售书情景。

1980年10月，总店举办第二期训练班，培训城市店门市部主任，把开架售书作为培训重点之一。1982年2月，总店召开城市发行工作会议，继续强调开架售书，表扬了开架售书的先进书店。经过多次会议、培训等统一思想的工作。到1983年，开架售书才推广开。21世纪初，闭架售书已被淘汰，全国新华书店普遍实行开架售书。

三、存书分年核价

存书分年核价是新华书店系统会计制度的一项改革。图书商品具有政治性和时间性的特点，随着政治形势的变化和时间的推移，许多积压的存书只能作降价处理或化浆报废。早在20世纪50年代，新华书店系统的存书降价、报废损失，由总店集中上报财政部拨款解决。从20世纪60年代起，经财政部、文化部批准，各地新华书店的滞销、报废存书损失，按图书销售码洋的1.5%（发货店按发货的0.3%）从发行费用中提取"呆滞损失准备金"用来处理图书降价、报废损失。

经过二十多年的实践，总店认识到降价、报废损失与图书销售码洋的关系不大，也不科学，有些书店的"呆滞损失准备金"不足以弥补报废损失，也有些书店还有结余。1980年，总店借鉴西方会计制度以及民国时期开明书店的做法，改革了"新华书店会计制度",对书店存书按出版年限分年核价。在"新华书店会计制度"中将"提成差价"与"进销差价"并列为两个科目,作为存书码洋的备抵额度。每年第四季度末盘点存书时,按各种存书的出版年限,计算提成差价,当年出版的存书提成20%,依次前三年的提成30%,前四年的提成40%,前五年的提成50%。

据新中国成立前曾任南京开明书店经理的陆联棠回忆,开明书店年底盘点存书不论出版年限,一律按40%核抵书价,但第二年出售时仍按原定价出售。这等于开明书店的进货成本均为原价的40%,即4折进货。如此计算存书成本较为扎实,所得纯利润也没有虚假成分。总店改革会计制度——实行存书分年核价,也是为了把企业利润核实,消除虚假成分。

实行存书分年核价,对于新华书店系统及时处理滞销书,加速图书商品周转,促进销售,核实年度利润发挥了重要作用。1985年财政部制定的《出版社会计制度》,也参考"新华书店会计制度"实行"存书分年核价"。

四、推广经营承包

1982年春,山西省新华书店在山西代县新华书店召开经营承包现场会议,我应邀参加了现场会。代县新华书店最早实行经营承包制,打破了"大锅饭""铁交椅"促使县书店员工能者上、弱者下,由县书店经理实行承包经营,调动了县书店经营积极性,图书销售明显增长,费用下降,利润增长,员工收入也大幅度增长。

我在《图书发行》报上发表了代县书店推行经营承包制的改革经验。文化部有位司长跟我很熟,他向我约稿,在文化部的内部刊物上也介绍了代县书店经营承包制的经验。那个时期,社会上各大报纸都在推广各个行业的经营承包制。总店又在辽宁锦州市召开会议，推广锦州市店的经营承包经验。

当年，认为经营承包这项改革收效很好，现在看来也有副作用。就是第一个承包期，企业的经营管理直线上升，但是有短期负面行为。承包期结束，发现书店的库存暴涨，应该报废的存书损失并未按分年核价制度报废存书损失、企业利润有虚假成分，肥了承包人，损害了企业利益。1990年以后逐步改为经营责任制，基本仍延续承包的做法，但书店经理必须承担经营责任。总店负责向新闻出版署承担经营责任，由我同署计划财务司司长签定经营责任制合同（1988年至1992年）每年向署计财司上交280万元。当年盈利2 800万元。此后年盈利3 000万元以上。

五、"三多一少"改革方案

"三多一少"改革方案即多种经济成分、多种流通渠道、多种购销形式、少流通环节。这个方案是国家出版局副局长王益多次召开图书发行改革研讨会，反复讨论，主持制定的。1982年4月国家出版局建制撤销，文化部成立出版局（后改名国家出版局，仍由文化部领导），7月文化部发文，正式下达"三多一少"方案。

多种经济成分是指国有新华书店之外，发展集体书店、个体书店。改革开放前，是新华书店系统独家经营。改革初期，集、个体书店很少，主要在当地新华书店进货。市县新华书店把发展集、个体书店作为自己的发行网点，在资金、货源等方面给予优惠，经常召开业务会议给予辅导。当时，新华书店与集体、个体书店的关系较为密切。

八十年代中期，集、个体书店日益发展壮大，已演变为民营书店。因当地新华书店缺乏折扣优势，许多民营书店直接向出版社或大中城市的民营批发书店进货，以优势价格同当地新华书店竞争。有些民营书店染指出版，炮制黄色书刊，把图书市场搞得乌烟瘴气。有些非法书商买书号出版非法出版物，用"高定价、低折扣"吸引读者。到1989年，民营书店（含民营批发摊点）已达3万多处。1989年春夏之交发生政治风波之后，新的中央领导集体卓有成效地开展了"扫黄打非"运动，对混乱的图书市场进行了整顿治理，违法经营的民营书店有所减少。二十世纪九十年代中期有些文化层次较高的知识分子兴办书店，颇受读者欢迎。总的来看，发展多种经济成分书店，是成功的。

多种流通渠道，实际是强调出版社自办发行。二十世纪八十年代改革前，图书的总发行由新华书店京、津、沪、渝发行所和省级书店承担，简称新华书店发货店。改革后，由出版社承担总发行，出版社可直接向新华书店、民营书店批发图书。根据当年改革文件规定：出版社总发行的零售价格、批发折扣和售书时间应与新华书店统一（《出版工作文件选编1981—1983年》第352页），但实际执行起来却违背了改革规定。出版社以6.8折向大中城市新华书店或民营书店批发，而新华书店发货店同样以6.8折或稍低折扣向出版社购进，然后再向新华书店系统批发，因缺乏折扣优势，新华书店发货店失掉了大中城市新华书店这个订货量大的阵地，对大中城市店的发货量日益萎缩，而拥有广大农村市场的县新华书店因每次订货少、结算困难，发运费用多且麻烦，出版社则不予发货，更谈不上给予优惠折扣。所以，县新华书店只好仍向新华书店发货店7折订货，比城市店忍痛少得2%折扣。总的看来，推行多渠道，出版社自办发行增强了市场活力，激发了市场竞争，势在必行，但改革的天平向大中城市书店倾斜，冷落了县新华书店。

多种购销形式。除继续实行征订包销形式外，又提出经销、寄销、初版分配试销等形式。后两种购销形式加重了出版社自办发行的风险，在八十年代并没有推开。

1982年，王益同志主持的发行改革研讨会，有10多位出版社社长、总店汪轶千和我参加讨论。在讨论购销形式问题时，我和汪轶千主张寄销，改革重点是突破隔山买牛的包销。包销对书店压力大，卖不掉不能退货。在国外书业，普遍实行寄销，卖不掉的书可以退给出版社。新中国成立初期，总店与人民出版社最早签定的产销合同，也规定包销和寄销两种形式。实际上出版社不同意寄销，几十年来仍以包销为主。在那次改革研讨会上，我举例说，浙江、湖南两个省店与当地出版社试行寄销，效果很好。浙江省店将浙江出版的农业技术书试行寄销，1982年，全省共发行农技术书24万册，较上年（征订包销）销售册数增长3.4倍，（此次会议后，我了解到浙江省店1985年农技书寄销的销售册数达113万册，同比增长近5倍，而退货率仅2%）。湖南社店之间，实行全品种寄销，销售册数较征订包销增长24%。这表明，基层书店试行寄销，有利于减轻积压的风险，可以放开手脚扩大发行。在这次研讨会上虽然将寄销列为试行之一，但实际上出版社怕退货损失，仍不同意寄销。

1983年，我参加刘杲为首的中国出访法国的出版代表团，了解到法国出版界普遍实行寄销。1986年春，我随许力以同志访问日本书业，了解到日本书业也实行寄销。1986年9月，国家出版局（仍为文化部领导）召开"三多一少"改革会议，中心议题是出版社自办发行。参加会议的省书店代表与出版社代表对寄销问题发生争议，社方代表怕退货，主张经销；书店代表认为，经销比征订包销的风险更大，主张寄销。我以国外书业为例，也主张寄销。但是，国家出版局最后发出的会议纪要《关于推行多种购销形式的试行方案》规定：重要文献和教材，继续实行征订包销，由新华书店总发行。一般图书实行经销，由出版社总发行。此后，直至1990年代中期，经销形式占主导地位。由于受经销的冲击，寄销这种购销形式未能推开。

六、经销挫伤了新华书店积极性

经销，对于出版社开始自办发行有利，可以不承担退货风险，愿意发给谁就发给谁，愿意给多少折扣就给多少折扣，但不利于新华书店发货店的批发辐射，严重影响主渠道——新华书店订货。因为实行经销，新华书店不知道出版社发给民营书店多少书，又不知道出版社或民营书店直接发给机关单位多少书，导致新华书店订货萎缩。1986年出版社普遍自办发行，对销售店实行经销，当年全国出版一般书籍（不含课本、图片，下同）20.79亿册，较1985年（未实行经销）的34.77亿册减少40%。1987—1995年，全国每年一般书籍出版册数始终徘徊在29亿册到31亿册之间，从未超过实行"经销"前的1980年（34.77亿册）。一般书籍出版册数长达9年没有增长，可能有多种因素，不能完全归因于经销这种购销形式，但推行经销严重影响主渠道——全国新华书店的订货积极性，是一个重要因素。

1990年代后期，有些出版社打破经销框框，对大中城市书店实行经销包退，实际就是寄销。21世纪以来，各省级新华书店改制为发行集团，实行连锁经营，取消市、县新华书店直接向出版社的进货权，由省发行集团（连锁总部）统一向出版社进货，然后向市县书店（连锁店）发货。出版社适应市场经济形势变化，对省级新华书店连锁总部（含民营书店）普遍实行了寄销。从此，购销形式改革走了一段弯路之后——实行寄销，才达到改革目的。

少流转环节，是参照国营商业系统（流转环节多）的改革措施提出的，在发行系统，流转环节已无法再减少。

七、"三放一联"改革方案

即放权承包，搞活国有书店；放开批发渠道，搞活图书市场；放开购销形式和发行折扣，搞活购销机制；发展横向联合。1987年11月，新闻出版署副署长宋木文临时抽调我，按署党组的意图研究起草新的改革方案。经署党组两次讨论，又经中宣部出版局主持工作的副局长袁亮在文字上加以补充，于1988年春，中宣部、新闻出版署联合发出《关于当前图书发行体制改革的若干意见》，要求出版发行单位贯彻执行。

放权承包，核心内容是政企分开，把经营权放给国营书店，总结过去几年的经验教训，不是承包给书店经理个人（经理实行经营责任制），而是承包给独立法人的经济实体——国营书店，并与上级领导管理机构签定"经营承包合同"，实行："利税递增承包，定死基数，确保上缴，超收全留（留给书店），欠收自补，几年不变。"这项改革，对于激发企业活力、调动全体员工扩大销售的积极性，发挥了重要作用。

放开批发渠道，除出版社和新华书店可以批发外，经省新闻出版局批准，集体书店也可以开展批发业务。文件规定，出版社的批发条件（包括批发时间、批发折扣、批发品种）应与新华书店发货店一致，这一条出版社基本上没有执行。新闻出版署为支持社办发行，表示默许。批发时间较新华书店发货店早，批发折扣多，批发品种一般图书较为一致，但重要学习文件往往交有关权力机关系统发行，新华书店无法竞争，导致订货萎缩。

我在起草"放开批发渠道"这一条时,已经感觉到新华书店发货店——主要是发行所,肯定竞争不过出版社自办发行(出版社批发折扣多,发行所从出版社进货,批发折扣少),发行所可能倒闭。因此,我在起草改革方案的第一稿时,加上了"发货店可以自办出版"(理由是出版社可以自办发行,发行所当然应该自办出版,发行所视同出版社,靠出版利润养活自己)。但是,在署党组会上讨论时,把发行所"自办出版"否定了。在起草第二稿时,我把"自办出版"改为发货店可以"租型印造",我将发货店为什么可以"租型印造"的理由反复向分管发行工作的副署长杨正彦说明,杨副署长表示同意,但在署党组会议上再次被否定。我服从署党组意见又起草了第三稿,终于通过。

"三放一联"的"联"是指打破地区封锁,加强出版发行企业的横向联合。例如,企业之间通过投资、参股、兴办书店联合举办订货会等等。文件下达后,出版社的发行部最早实行联合,如社科9联、科技23联、科技32联等。此后,出版社和新华书店联合组建了行业协会——中国书刊发行业协会。现在看来,横向联合收效显著,搞活了图书市场。

"三放一联"是"三多一少"改革的继续和发展。在改革过程中充满错综复杂的矛盾,例如,社店之间的利益碰撞、过度的市场竞争,私营批发商的泛滥等。经过出版行政机关的治理,"三放一联"基本上达到了改革目的。

八、创建图书发行学科,编辑出版"卖书的书"

我国的图书发行事业已经有两千多年历史,历代书商经营经验丰富,多是师徒相承,口耳相传。从古代到新中国成立后的

1978年，我国约出版240万种图书（含历代古籍），出书内容涉及方方面面，唯独没有"卖书的书"。1978年12月党的十一届三中全会以后，新华书店总店解放思想，敢于担当，在20世纪80年代，陆续出版六十余种有关"卖书的书"，创建了图书发行学科，打破了封建社会轻商、贱商观念，结束了书店行业"无学、无书"的历史。

"文革"结束的第二年，根据中央指示，各行各业掀起了企业整顿热潮。国家出版局在武汉召开座谈会，主题就是整顿新华书店，而整顿的一项重要措施是培训发行队伍。要培训就要有教材，与会代表强烈要求总店编辑出版培训教材。

书店是卖书的，只有卖书人总结实践经验才能写出扎扎实实的图书发行教材。那时，我是总店编刊室主任，编辑培训教材的任务就落在我的头上了。我对这项工作也跃跃欲试。早在1956年，我凭十年前的学历考上了中国人民大学贸易经济系五年制函授本科，除外语、体育、军事三门课程外，所学的课程与在校贸易经济系本科生完全相同，我每天晚上都要去铁狮子胡同（后改为中关村）的人民大学上课。我当年有个梦想——将学到的课程联系书店工作实际写出一本书，建立图书发行学科。所以，我学习得很努力，各门考试成绩均为5分（大学考试实行5分制），毕业论文被评为优，留校备参考。但是，在当年"左"的氛围中撰写"卖书的书"很难实现。"文革"前，总店曾编写过党的书店史和一本业务教材。脱稿后因为怕"踩线"——犯路线错误，领导不敢终审，没有出版。"文革"期间，书稿全部被毁。党的十一届三中全会后，总店编印培训教材，只好重新开始。我考虑，撰写培训教材，只有物色卖书经验丰富又有文字表达能力的"秀才"，才能写出"卖书的书"。总店始终强调农村发行工作，整顿发行队伍首先要培训农村发行员。

江苏的农村发行工作很活跃，县书店的基础较好。我首先到江苏省店，委托他们编写《农村发行工作》教材。江苏省店经理赵锦伦对这项工作很重视，很有办法，他布置全省每个地区（市）书店都来编写《农村发行工作》教材；然后召开会议，集体讨论各个地区（市）书店提供的教材第一稿，采取淘汰制，由两三个"秀才"吸取所有第一稿的优点写成第二稿；再经过讨论、修改，写出第三稿，我再与第三稿撰写人修改成第四稿（征求各省店的意见稿）。1980年6月，总店在京召开由各省级书店经理为编委的《农村发行工作》编审会。根据编委会讨论的意见，提高本书的思想性，我撰写了第一章：农村发行的历史传统和基本经验。《农村发行工作》由总店出版后，全国新华书店共培训农村发行员3 000多名。

参照江苏省店编写培训教材的经验，我又先后到安徽、浙江、上海等省市书店，让他们物色"秀才"编写《科技书发行》《进货工作》《门市工作》等培训教材。同时，安排总店计财处编写《财务与会计》《计划与统计》，安排编刊室编辑《科学技术出版社专业介绍》。从1979年到1982年，总店共编辑出版以新华书店员工为培训对象的内部发行教材7种。每种教材出版，各省书店、地区（市）书店就分期分批培训市县书店的经理、农村发行员、营业员、进货员、会计和统计员。

1982年2月4日，胡耀邦总书记主持中共中央书记处会议，专题讨论出版工作。中央政治局委员、书记处书记胡乔木在会上说："发行工作是非常繁重而又困难的，店员应常期轮训。"出席会议的中宣部副部长廖井丹插话："'文革'期间，书店员工有的甚至目不识丁，人权不在书店，地方安插人，书店无权选人当店员。"

会议在讨论防止精神污染问题时，胡乔木同志再次强调"新

1980年代，新华书店总店投资14万元支持文化部文化管理干部学院，培训新华书店系统在职干部（学习期限一年，主要培训县书店经理），学院聘请总店副总经理郑士德讲授《图书发行学概论》《新中国图书发行史》。左数第四为郑士德，图为与部分学员合影。

华书店职工要轮训！"胡耀邦插话："新华书店应成为社会主义思想堡垒，经理、店员都要轮训。"

为落实此次会议精神，1983年6月6日，中共中央、国务院发出《关于加强出版工作的决定》（以下简称《决定》）。《决定》指出："要在近几年将所有的书店营业员轮训一遍……要选择有条件的大学设立图书发行专业，有条件的省、市、自治区应建立图书发行、印刷技术的中等专业学校。"

《决定》极大地推动了全国新华书店的培训工作。我根据《决定》精神，起草了《全国新华书店轮训规划》，文化部转发了总店的《轮训规划》，总店编辑出版的7种培训教材，恰好适应了全员轮训需要。据全国新华书店报表统计，到1986年底，全国新华书店共轮训员工7万人次。《新华社内参清样》《人民日

一个书店经理的自述：乐做新华卖书郎

文化部文化干部学院第二期干部轮训班毕业合影 1984.1

20世纪80—90年代，郑士德应邀为文化管理干部学院历届图书发行培训班讲授《新中国图书发行史》（系自编教材，由该校出版）和《图书发行学概论》。前排左数第七为郑士德。

报内参》，向党中央反映了新华书店轮训情况。

根据《决定》精神，总店投资285万元在武汉大学建立了图书发行管理专业。安徽大学、中山大学、成都大学、北京商学院、山东省委党校等，也在各有关省店支持下，建立了图书发行专业，培养书店的在职干部或本科、专修科大学生。吉林、云南、湖南等省店经理、深圳大型书城经理以及深圳出版发行集团副总裁，都是武汉大学培养的图书发行管理专业本科毕业生。各省（市、区）新闻出版局或省级书店相继建立了图书发行（印刷）中等专业学校17所。

为解决各大学、中专学校图书发行学教材问题，新闻出版署于1987年以总店为基础，组建了高等院校图书发行学教材编审委员会和中专学校图书发行学教材编审委员会。这两个编审委员会的正副主任委员由总店总经理汪轶千和我（副总经理）担任。

在汪轶千领导下，主要由我（职称编审）具体主持这两套教材的编辑、出版、发行工作。

新闻出版署很重视这两套教材的出版工作，副署长卢玉忆亲自参加会议，指导工作，帮助解决实际问题。高等教育出版社根据新闻出版署通知，给总店出版的图书发行学高校教材提供书号，并指定一位副总编辑负责终审，以高等教育出版社名义正式出版。

1984年9月1日，郑士德（左数第四，站立者）在武汉大学首届图书发行专业开学典礼大会上，向新入学的本专业大学生（60名）讲授我国图书发行工作的性质、任务和光荣传统。左数第三人为开学典礼大会主持人武汉大学樊副校长（女）。

经编审委员会审议通过的高等院校图书发行学教材有12种。其中，《图书发行学概论》最早由辽、吉、黑三省店编写，总店出版。武大教授孙冰岩认为该书理论性较差，我重新撰写了一本，由高等教育出版社出版。我还聘请有关专家撰写了《图书对外贸易学》《图书发行管理学》《图书发行心理学》《图书营销学》《图书发行统计学》《图书分类学》《图书发行会计学》《中国图书发行史》，以上均由高等教育出版社终审出版。此外，王益主编的《图书商品学》（人民出版社出版）和武汉大学教授黄凯卿编著的《图书发行自动化基础》（武大出版社出版）也列入高等院校图书发行学教材。

我还主持编辑终审了18种中等专业学校图书发行学教材，主要由总店编刊室、研究室的同志从事编辑工作，由中国书店出版社出版，书名从略。

为了指导全国新华书店的业务工作，我主持编辑出版了图书发行丛书。丛书第一辑《图书发行工作的方针任务》，编入《中共中央、国务院关于加强出版工作的决定》以及中宣部、文化部领导同志和部分省委宣传部长为传达《决定》精神的讲话稿或文章。

"丛书"第二辑、第三辑为《海外书林》，编入美、英、法、德、日等12个国家的书业经营管理、购销形式、社店关系等方面文章。其中，有些文章是函请新华社驻外记者采访驻在国著名书店的稿件，来之不易。这对新华人开阔思路，推动改革，大有好处。我粗通日文，靠《日汉辞典》，从日本东京出版贩卖公司出版的日本书店《营业员培训教材》中翻译了《日本书店接待读者的艺术》（书名为我拟定），主要记述日本书店营业员为读者服务的具体细节。现在读来，对我国书店营业员仍有参考借鉴价值。

"丛书"第四辑《发行事业探求》是从总店与中国出版研究所共同评出的80篇发行论文中精选24篇，编入本书的。主要内容为探讨图书发行理论、发行规律和书店改革。

总店于1979年、1983年两次召开全国新华书店表彰先进大会，受表彰的先进工作者绝大多数是基层书店营业员、农村发行员、业务员、储运员。我把他们的模范业绩、先进经验，优中选优，编辑成书列入"图书发行丛书"。实践出真知，"榜样的力量是无穷的"。这些先进工作者的业绩"接地气"，值得推广。被总店表彰的先进作者，多被当地评为省级劳动模范、先进工作者，有的女同志被评为全国三八红旗手。新世纪以来，全国出版发行界曾几次召开表彰先进大会，令人百思不解的是，受表彰的先进工作者，多为社长、总经理等领导干部，很少有基层书店第一线员工。

随着"卖书的书"陆续出版以及研究工作的深入，在书店行业形成一个新兴学科——图书发行学。《中国大百科全书·新闻出版》卷、《中国出版百科全书》专设"图书发行学"（我为图书出版发行学主编）编入我和总店同志撰写的数百条图书发行条目。装订豪华的《20世纪学术大典》把图书发行学列入新兴学科，给予高度评价。此外，《百科知识数据辞典》《英汉出版词典》以及边春光主编的《出版词典》（上海词版）均编入我撰写的发行理论和发行条目。

在我的主持下，总店编辑出版了《书店工作史料》1—4辑。1979年，根据中共中央统一部署，国家出版局组建了中共党史资料征集工作领导小组，由副局长王益任组长，我被指定为领导小组成员，负责图书发行方面的党史资料征集工作。我考证了新华书店在延安的成立日期及总店的历史发展过程，纠正了"文革"时期新华书店成立历史的误判，明确新华书店成立于1937年4月24日并写出调查报告，经国家出版局长边春光认可转报中宣部批准，确认新华书店在延安成立的日期。1987年4月24日由我主持召开了纪念新华书店成立五十周年大会。从此，每隔10年由政府主管出版工作的领导机关陆续召开了新华书店成立60

周年、70周年、80周年大会。

总店的党史资料征集工作直至1990年，共征集到500多篇（120万字）党的书刊发行方面史料，由总店出版《书店工作史料》共四辑（内部发行）。撰写书店史料的革命老人，新世纪以来多已辞世。这套史料具有抢救历史、教育后人、继承发扬革命传统的重要意义。中共中央党史资料征集工作委员会马副主任给我写信，高度赞扬和鼓励总店的党史资料征集工作。

为搜集1919年毛泽东在长沙建立文化书社的史料，我曾两次访问当年任文化书社经理的易礼容老先生。易老撰写的毛泽东创办长沙文化书社的回忆录，编入《书店工作史料》第一辑，多次被有关报刊转载。我还走访了新华书店初创负责人涂国林同志（1970年代任核工业部政治部主任），涂老回忆中共中央党报委员会主任委员张闻天在延安清凉山创办解放社、新华书店的历史，编入《书店工作史料》第二辑。我根据涂老回忆录，并与陕西省新华书店、延安地区新华书店进一步调查取证，明确了新华书店成立于1937年4月24日以及在延安清凉山发端的史实。

九、总店改制为中央一级图书发行企业

1987年夏，文化部召开部务会议，决定撤销总店。汪轶千和我参加了这次会议，汪和我在会上说明总店存在的必要性，但是部务会议仍决定撤销总店。后来，由于多方面原因，总店并未撤销。不久，国务院成立新闻出版署，直接领导管理新华书店总店。1986年10月，经署领导批准，总店与所属单位北京发行所、储运公司合并、改制为中央一级图书发行企业，总店对全国新华书店的业务指导职能移交给新闻出版署发行局。总店机构设办公室、人事处、计划财务处、党委办公室、行政处、研究室、电算

部（从日本进口大型电子计算机，供图书进发业务使用。当年，北京只进口6部，总店为其中之一）、第一发行部（对外称新华书店总店北京发行所）、第二发行部（对外称新华书店总店科技发行所）、储运部（对外称新华书店总店储运公司）后来又成立第三发行部（对外称新华书店总店音像发行所）。

改制后的总店总经理仍为汪轶千，我仍任副总经理。在汪轶千总经理领导下，我分管总店第一发行部、第二发行部、办公室、研究室。在总店改制前后，我办的四件事效果好，迄今印象深刻。这四件事是：举办五十周年店庆活动、《新华字典》改由总店发行、《三目报》刊载新书目录一律收费、试办公开出版。

1. 举办五十周年店庆活动。1987年4月24日总店在政协礼堂，召开了纪念新华书店成立五十周年大会。中共中央书记处书记邓力群、中宣部副部长李彦、国家出版委员会主任王子野、文化部副部长宋木文莅临指导。新华书店第一代负责人涂国林以及新中国成立后总店历任总经理王益、史育才、周保昌、王璟等领导同志到会。出席大会的来宾有出版社社长、发行部主任等，纪念大会由我主持。汪轶千做大会报告，介绍了新华书店五十年发展历程。中国出版协会主席陈翰伯等4位来宾在大会发言，祝贺总店店庆。

当天下午，总店在中国美术馆举办全国新华书店职工书法、绘画、摄影作品展览。经专家评定，从500多幅应征作品中精选215幅作品参展。全国人大副委员长周谷城为书画展剪彩。全国著名书法家赵朴初、舒同、启功、费新我、李铎、魏传统为五十周年店庆题词，他们精湛的书法艺术为此次展览提高了品位，增添了耀眼光辉。10天展期共接待观众4万多人。好评如潮，纷纷赞扬新华书店人才济济。总店举办的店庆展览，提高了新华书店的知名度和美誉度。

为纪念店庆五十周年，总店编辑出版了邓小平题写书名的《新华书店五十春秋》。这是由我主编的店史，包括总店史和分省店史，其中，我撰写了在延安成立的总店史、各解放区总分店以及新中国成立后新华书店的改制、改革的历史。分省店史由各省级店撰写，由我统稿，编成《新华书店五十春秋》（内部发行）。江苏等许多省店经过调查研究，追记了本省新华书店成立前由党组织创办的书店史，这些为传播马列主义毛泽东思想，抛头颅、洒热血而英勇牺牲的烈士，鲜为人知，可钦可敬，极具史料价值。新华书店从延安清凉山一间佛窟发端，它同一切新生事物发展规律一样，"其作始也简，其将毕也必巨"。

赵朴初为总店举办的书画展撰写了《新华书店颂》新体长诗，不仅书法超人，新诗也十分感人。我把这首新体长诗印在《新华书店五十春秋》封面上，邓小平题写书名，赵朴初题诗的封面，充分显示了新华书店是中国共产党直接领导的书店，它的光荣店史永放光辉。

新华书店五十周年纪念
书画展题词

数不尽半世纪的功勋

拔三山

建四化

都有你的份

新华书店啊

感谢你的辛勤

在那民族存亡的关头

立那远雾漫天的光景

你的诞生

你的事业

你的披荆斩棘的图书发行

把那振聋发聩的雷音

送到了亿万人民耳中心里

激起了五湖四海波翻浪腾

值得千百遍回头啊

那清凉山上的参天塔影

如今

一副庄严伟大的新蓝图

照临着每一个炎黄子孙

高度的物质文明

高度的精神文明

祖国的统一

世界的和平

这无比光荣的任务

正策勉着我们

正激励着你们

新华书店同志们啊

祝你们

不断前进

> 日新又新
>
> 祝你们
>
> 书卷长留天地
>
> 丹青照耀古今
>
> 　　　　　一九八七年四月
>
> 　　　　　　　赵朴初

　　总店还出版了胡耀邦题写书名的《新华书店五十年》，这本内部发行的大型图片集由总店编刊室主任宋碚真主编，主要内容为新华书店成立初期的历史照片和1980年代各地新华书店蓬勃发展的照片，共编入1 200多幅照片。许多新华老人翻箱倒柜把珍藏多年的有关照片提供给总店。卷首编入毛主席、朱德总司令为全国新华书店出版工作会议的题词以及邓小平、刘伯承、彭德怀、陈毅、习仲勋、郭沫若等领导为新华书店历次会议的题词，还编入国家主席李先念、中央纪律检查委员会第一书记陈云、全国人大常委会副委员长王任重和副委员长黄华、国务委员谷牧、文化部部长王蒙以及出版机关多位领导同志为祝贺新华书店成立五十周年的题词。在文字方面有我撰写的《新华书店简史》，卷末编入我与梁天俊合作撰写的《新华书店五十年纪事》。

　　由总店承办，新闻出版署主办，对于拥有30年工龄的新华书店职工颁发了纪念证书。邮电部发行了"新华书店成立五十周年邮资纪念封。"

　　2. 争取发行《新华字典》。总店第一发行部主任（京所经理）王鼎吉向我汇报说："商务版《新华字典》因贷款困难，只好租型印造。如果总店能替商务贷款，则自行印刷，交总店发行"。《新华字典》是头号畅销书，每年发行数千万册，我认为这是改由总店发行的极好机会。我两次同总店总会计师商量为商务贷款的问题，他很冷淡，推说总店贷款也很困难，劝我不必为出版社贷款。我仍不死心，找总店财务处主管科长做工作，说明总店替商务贷款的必要性。这位科长再三与银行联系，终于贷出巨款交商务印《新华字典》，总店征订发行《新华字典》获利颇丰。商务印书馆林尔蔚总经理为感谢总店，曾宴请总店的汪轶千、总会计师等人，我因临时调新闻出版署起草改革文件，未参加这次宴请。

3. "三目报"一律收费。总店办公室出版的《科技新书目》《社科新书目》《标准新书目》简称"三目报"。"三目报"曾免费为出版社刊登新书目录，供各地新华书店或图书馆订进新书，北京发行所汇总"三目报"各种新书订数向出版社订货。1987年各出版社普遍自办发行。总店改制后，总店办公室提出"三目报"收费问题，我表示同意。那时汪轶千因病在家休养，我把这个决策向他汇报，他担心出版社有意见，只好勉强同意。总店"三目报"收费的公函发出后，有十多位出版社发行部主任排队到新闻出版署发行局告状，反对"三目报"收费。我和办公室主任罗敏君到新闻出版署汇报收费理由，得到署领导默许。截至1987年底，"三目报"共收费400多万元，此后坚持收费。1990年代，"三目报"改名《新华书目报》，成为总店的优良资产。新世纪初始十年，总店经营跌入低谷，《新华书目报》成为总店收入的唯一顶梁柱。

4. 试办公开出版。总店改制后，编刊室与新组建的研究室合资，继续编辑出版《图书发行》报和发行教材。在一次研究室会议上，该室主任宋金喜同我说，"出版社自办发行，发行也应该自办出版，至少，总店应该办出版"。那时，某出版社一位副总编绘制了全国地图书稿，主动来研究室商谈由总店出资、出版地图问题。我让研究室派人到西四、西单新华书店做市场调查，一致反映地图类书畅销。我决定由研究室负责编辑《旅游、经商用中国地图》，试办出版。第一版各地订货20万册，很快售缺。我以总店名义写报告申请公开出版，新闻出版署迟迟未批准。当年总店家大业大，年盈利3 000多万元，总店出版地图的盈利，不过"杯水车薪"，研究室有的同志觉得"多干并不多得"，不如"吃大锅饭"自在。我工作很忙，没有细心考虑公开出版问题，地图的版权不知去向，此事不了了之。

第九章 九十年代建立的发行协会

陈含章：郑老，您在 1987 年离休。离休以后，您仍然长期奋斗在出版发行的事业当中，包括筹备成立中国书刊发行业协会、担任《中国图书商报》的总编辑等繁重的工作。此外，您还笔耕不辍，大量著书立说，包括《中国图书发行史》《图书发行学案例教程》等重要著作，直到今天您仍然在撰写新的著作，让我们年轻人十分感佩！所以，此次想请您谈一谈在这一段时期的主要工作和感受。

郑士德：1987 年底，我从新闻出版署起草"三放一联"图书发行改革文件回来，已经到了离休年龄，遂主动离开总经理室，到研究室继续编辑教材。那时，我还承担王子野主编的《当代中国的出版事业》编委、《中国大百科全书·新闻出版》编委和图书发行学主编，边春光主编的《出版词典》编委，许力以主编的《中国出版百科全书》编委。这几部书都是大部头名著，我这个编委不是徒有虚名而是要扎扎实实撰写相关文章和条目，还要组织总店多位同志撰稿，由我统稿。此外，总店在中央文化管理干部学院创办一年制门市部主任培训班，我应约讲授《新中国图书发行史》（自编讲义每周 4 课时），因编辑工作繁忙，我不再分管总店第一、二发行部和办公室的工作。

1989 年春，新闻出版署正式发文任命我为中国书刊发行协会筹备处主任。宋木文署长同我说，发行协会要依托大型企业，由总店筹办，要求我具体负责发行协会的筹备工作。早在 1988 年 4 月，新闻出版署已发出通知，为加强行业管理，要求各省成立发行协会。辽宁、四川、上海等省市根据通知精神在当年就成立了省（市）发行协会，辽宁最快，在各市（地区）、县均已建成发行协会。为筹建中国发行协会，1989 年秋，副署长杨正彦曾在北京新侨饭店召集在京书报刊发行行业负责人开会，汪轶千和我参加了这次筹备会。后因杨正彦生病，发行协会筹备工作被拖了下来。人民日报社单独成立了报业发行协会。事后，新闻出版署决定依托总店、指定我负责筹建中国书刊发行协会。我请求署财务司拨给筹备经费，署领导希望由总店拨给，但总店表示无力承担。由于"发协"经费无法解决，筹备工作拖了一年多。后来，副署长于永湛找我说，由新闻出版署批给筹备经费20万元，要求我加快筹备。

1991年初，新闻出版署在重庆召开新闻出版局长会议，我利用此次会议征求各省（区、市）新闻出版局长的意见，确定了各省（区、市）的代表名额。

筹备发行协会不是我一个人所能胜任的，需要总店同志大力协助。发行协会的办公场所要靠总店解决，办公用具要靠总店支援。我聘请总店的三位退休干部来协会工作，又招聘了两位年轻同志担任财会工作。一切筹备就绪，报请民政部批准。1991年3月6日，在京召开了中国书刊发行行业协会成立大会，到会代表184人。新闻出版署、中宣部出版局、中国出版科学研究所也派代表出席会议。

中宣部副部长刘忠德、国务院副秘书长徐志坚、国家出版委员会主任王子野、新闻出版署署长宋木文到会指导，中共中央政治局常委李瑞环派秘书到会。

第一天上午大会，由我报告了发行协会筹备经过，并对《中国书刊发行行业协会章程》草案及《财务管理规定》草案和理事选举办法做了说明，全体代表以举手表决方式一致通过。宋木文署长在大会讲话说，出版是基础，发行是关键，希望发行协会更好地团结有关方面推动书刊发行行业的发展。民政部社团管理司司长刘宝琦应邀在大会上讲话，对社会团体（行业协会）的性质、特点以及发行协会如何开展工作,向与会代表做了概括介绍。我在大会上宣读了各地新闻出版局、新华书店发来的贺电、贺信以及赠送的纪念礼品。大会以无记名投票方式选举产生中国书刊发行协会理事156名。

当天晚上,中发协第一届理事会开会,选举刘杲(新闻出版署主管出版发行工作的副署长)为协会会长,选举汪轶千(总店总经理)、吴克明(署发行局长)、郑士德(总店副总经理、发行协会筹备处主任)、陈为江(中国图书进出口总公司总经理)、刘继文(人民出版社副社长)、高树林(北京市新闻出版局副局长)、陈远祥(中华全国供销合作总社局长)为副会长。理事会推举我为常务副会长兼秘书长,主持协会日常工作。

中国书刊发行业协会是行业协会,在招牌上增加一个"业"字。由于报业发行协会已由人民日报社提前成立,所以中国发行协会命名为书刊发行业协会。协会工作计划或重大活动由我提出,提请刘杲会长主持的会长办公会议通过。协会办公地址设在北京东城区东堂子胡同47号院内的九间平房,产权是总店的。经过我的争取,总店没有收取房租。发行协会换届改选的第三届(2000年)总店才象征性地每年收取房租2万元。第五届按市价收取20万元,因房租高,发行协会迁至版本图书馆。

回忆二十世纪九十年代我在中国书刊发行业协会(以下简称中发协)的工作主要有:一是加强协会的组织建设,把发行行业团结、组织起来;二是按协会章程开展协会活动;三是总结推广办好发行协会的经验。

一、加强协会的组织建设

中发协刚刚成立,多数省(区、市)尚未成立发行协会。中发协的直属会员多为自办发行的出版社。究竟如何办好发行协会，我心中无底。在中发协成立前，我应邀参加了上海市发行协会成立大会，向他们学了开展协会活动等经验。中发协成立不久，北京市发行协会很快建立起来。此后，我又参加了河北、河南、天津发行协会成立大会，推动他们把集、个体书业首先组织起来。1992年初，为了推动各省（区）尽快组建发行协会，我分成南北两片（南宁、哈尔滨）召开发行协会年会，请各省（市）协会秘书长和省（区）协会筹备组代表到会。分南北两片开会，与会人数少，会期短，借助省新华书店会议室开会和食宿，费用能省一些。在分片召开的协会年会上，我着重介绍组建协会的经验和必要性。分片年会后，绝大多数省（区）都成立了发行协会，各省（市、区）发协成为中发协的会员单位。

  中发协的直属会员单位是中央一级出版社（均自办发行）。为了按书刊发行的不同特点开展活动，我起草了《科技书发行委员会工作条例》（草案），请中发协理事董芳明（科学出版社主管发行工作的副社长）牵头，组建了科技书发行工作委员会。在京的科技出版社（均为中发协会员）全部参加了这个委员会。

  科技书发行工作委员会的工作很活跃，他们先后举办了科技书自办发行经验交流会、市场信息沟通会以及研讨会、评选先进会等等。我以科技书发行工作委员会为样板，提请中发协理事陈宇清（女，商务印书馆副总经理）牵头，组建了社科书发行工作委员会。发协理事郑宝瑞（中国书店经理）联合全国各地古旧书店成立了中发协古旧书发行工作委员会，还成立了中发协城市发行工作委员会。其实，在未成立城市发行工作委员会之前，省会城市和计划单列城市的新华书店每年都召开会议交流经营管理经验。中发协城市发行工作委员会成立以后，省会等城市店更加名正言顺地开展活动，卓有成效。该委员会的主任、秘书长按期换届改选，轮流坐庄。

为了把分散在各地的集体、个体书店组织起来，我请各省发行协会推荐有一定影响的集体书店经理来京，参加中发协召开的集、个体书店代表会议。刘杲会长很重视这次会议，他以新闻出版署副署长名义到会讲话。会议以配合"扫黄打非"为主题进行了充分讨论，选举产生中发协集、个体书店工作委员会（1990年代后期才有民营书店，当年只有挂靠国有企业或政府机关的集体书店）。与会代表选举总店创办的集体书店经理李增华为主任委员（原为总店储运公司经理，已退休）。选举成都、济南两家集体书店经理为副主任委员，与会代表均为委员。因各位委员分散在各地，互不熟悉，主任委员对各位委员不认识。会上也没有讨论集、个体书店工作委员会如何开展活动。加之，两位副主任的集体书店陆续倒闭。所以，这个集、个体书店工作委员会没有发挥应有作用。检查起来，我作为主持中发协的常务副会长兼秘书长应负主要责任。

二、中发协举办的协会活动

按协会章程极积开展活动是协会的生命，不活动等于协会死亡。第一届中发协（1991—1994年）举办的活动有如下几项。

1. 评选优秀畅销书。从美国《纽约时报》评选畅销书得到启发，我主持的中发协也打算评选畅销书。经电话请示刘杲会长，他在电话中说，同意评选畅销书，但要加上"优秀"两个字，不能不问内容质量，只要卖得多就评选。他提出的"内容优秀"使我"顿开茅塞"。中发协宣传推荐的图书，必须对人民负责，对广大读者负责。中发协把内容优秀的畅销书评选出来，对于基层书店可以起导订导销作用，对于流通领域的开端——出版社可以起激励作用，擦亮出版品牌。刘杲会长对于评选优秀畅销书的意见非常正确。在多次接触中，我深感刘杲同志原则性强，作风民主，放手让你工作，在关键时刻从政治上点拨你端正方向。在刘杲会长领导下工作，我有一种幸福感。

中发协评选优秀畅销书在做法上先组建优秀畅销书评委会，我请当年的《新闻出版报》总编辑谢宏为评委会主任，请十多位出版社社长或总编辑为评选委员。请会员单位——出版社提出1—2种优秀畅销书的推荐书名，由中发协编印预选的优秀畅销书目录，印发各省（区、市）发行协会。由省（区、市）发行协会就近征求书店意见，实际是对预选书目是否畅销进行初选。中发协再将各省发协初选认定的畅销书目，请出版社提供样书，交评委会审读内容，最后正式评选出的优秀畅销书目，交媒体公布，同时请总店京所或科所向全国新华书店发文介绍、重新征订。结果，重新征订的印数均较初版印数大为增长，深受发行行业欢迎。从此，评选优秀畅销书成为中发协多年为会员服务的传统项目。

2. 举办民营书店订货会。二十世纪八十年代的北京图书订货会，是中国出版工作者协会联合出版社举办的，规模大、订货多。九十年代初，中发协初建，先举办以民营书业为服务对象的中小型订货会。因火车票非常紧张，我们只接待民营书店代表的住宿安排。对外地来京供货、订货的民营书店代表的回程火车票自行解决。因此，订货人数无法与北京图书订货会相比，但交易订货金额仍较为可观。

3. 举办降价书市。中发协在北京天文馆租到场地，搭棚招商，以北京的民营书店为供货单位，共有100多个摊位降价售书。为扩大影响，我请北京电视台拍摄了降价书市读者购书的热烈场景，等于不花钱做了广告宣传。

办这个降价书市，我很操心。书市第一天夜里，我担心书市会发生火灾，骑车40多分钟到天文馆广场，发现书市很零乱，满地废纸，容易起火。我摸黑打扫了一个多小时，累得满头大汗。为了书市安全，第二天，我雇了一个年轻人在书市值夜班，叮嘱他严防书市发生火灾或偷盗。

4. 培训出版社发行员。为了解决出版社发行员持证上岗问题，中发协与新闻出版署干部教育司联合举办培训班，培训40名出版社发行员。由干部教育司副司长袁良喜和我讲授图书发行学课程，为期半个月。考试合格的，由新闻出版署发给持证上岗证书。培训班结束，我按规定把讲课费送给袁良喜同志，他无论如何也不要。袁良喜副司长严格要求自己，廉洁奉公的精神令我十分感动。

5. 组织会员单位代表访问日本、新加坡、德国的书业。为了节省外汇，我同日本书店连合会和新加坡书业公会达成互访协议。中发协邀请日本、新加坡的书业协会组织的代表团访问北京，除往返机票费自行负担外，在北京的访问费用含交通、食宿等费用由我方（中发协）负担。访问人数和访问天数对等。我们中发协组团先访问了日本，受到日本书店连合会的热情接待。可是，日本书店连合会可能因改选换届，忘了向新一届交代中日对等互访问题。二十多年过去了，迄今，日方始终未向我方联系访华问题，日方白白支付了我方的访日费用。

我和新加坡书业公会达成互访协议，中发协首先接待了新加坡由13位书商组成的访华代表团。我陪伴他们访问了北京市新华书店，他们还游览了八达岭长城和故宫，在京的住宿费由我们承担，旅游费自付。然后，我们中发协组织出版社社长、发行部主任 13 人访问了新加坡书业，费用按达成的协议由对方承担。

中发协访问德国书业，是由六位出版社社长（均为会员单位代表）组成访问团，请协会会员单位——中国国际图书贸易总公司驻德国办事处接待。为节约费用，代表团住在办事处，由办事处主任开车访问德国书业。中发协三次组团出国访问，对会员单位了解国外书业的经营管理以及出版发行经验，开阔了思路，促进了改革开放。

1986 年 4 月，中国新华书店代表团受日本出版贩卖株式会社邀请访问日本书业。图为访问日本王子图书流通中心（图书储运专业）与日方负责人（前排左数第一人、站立者）合影。前排（站立者）左数第一人为王子流通中心经理。左数第二人为郑士德。依次为上海新华书店经理、武汉大学图书发行专业支部书记、山东新华书店经理、代表团翻译（女）、日方陪同人。

6. 中发协与总店举办分片订货会。1980—1990 年每年由中国出版工作者协会举办的北京图书订货会，规模大，已具有品牌效应。但是，只接待大中城市新华书店的代表前来订货，一般不接待县书店订货（县书店订货少，发货麻烦，结款困难）。1991 年秋，新闻出版署发行司副司长王俊国找我和出版工作者协会秘书长王业康到发行司，商量由出版协会与中发协共同举办北京图书订货会问题。我表示同意，但王业康以出版社反对为理由不同意共同举办。事后，我同总店汪轶千商定，由中发协和总店联合举办分片订货会。1992年1月下旬，总店和中发协联合召开了分6片订货筹备会议，讨论通过了《中发协、全国新华书店分片订货会的实施办法》。分片订货会由省店和省发协承办，城市店和县书店的进销业务人员均可前来订货。

3月下旬，总店和中发协先后在石家庄（华北）、沈阳（东北）、南昌（华东）、长沙（中南）、成都（西南）、兰州（西北）举办分片订货会，会期3天。据统计，全国482家出版社以及总店、省店的近2万种新书设摊参展，全国800多个城市店、近2 000个县书店共7 000多名第一线进销业务人员就近现场订货，订货总码洋达2亿多元。我参加了沈阳订货会，许多县书店的进货员、营业员第一次到订货会现场看样书订货，非常高兴。

1993年3月中旬，在太原、长春、济南、南宁、贵阳、西安6个城市继续举办了第二次分片订货会。据统计，7 000多名基层新华书店进销人员就近订货，订货总码洋1.91亿元。

分片订货会的成功举办，促成了中国出版工作者协会与中发协共同举办1995年北京图书订货会。从此，每年的北京图书订货会均由两个协会共同举办。分片订货会停办。

7. 协助总店创办华威精品书店。早在八十年代后期，中央各部委创办的商业企业如中国百货公司、中国花纱布公司、中国畜产公司等，随着改革开放的深化，均已改制或撤销。有的改为生产企业，有的改为零售企业，唯独总店，改制为中央一级图书发行公司（仍为批发企业）。总店曾考虑改制为出版社，但新闻出版署没有批准。因北京市新华书店已有100多个门市部，没有总店建立门市部的地盘。1993年夏，我的顶头上司——原牡丹江日报社长陈俊（人民日报离休的副总编辑）告诉我，在北京西单繁华街区的华威大厦正在招商，建议中发协在华威大厦开设书店。我考虑中发协缺乏资金和人才，无力在大商场开设书店。但机不可失，我介绍总店在华威大厦开设零售书店。经总店同意，我与华威大厦产权人谈判达成协议：以图书销售码洋8.5折分成，华威大厦（产权人）收取图书销售额15%作为书店场地租金。11月初，在华威大厦6层约300平方米场地开设了新华书店总店的华威书店。备书6万种，电脑管理，华威书店的环境布置高雅、明快，备有坐椅供读者选购、阅读。它是全国第一家在大商场开设的新华书店零售店。中央电视台等媒体进行了宣传报道。各省店和大城市店前来参观学习。华威书店从开业到90年代末较为繁荣，销量稳定。1997年被新闻出版署命名为"新华书店总店华威精品店"，中发协授给"全国新华书店精神文明示范单位"铜牌。21世纪初期，华威大厦（产权人）不同意按销售额比例分成，华威书店无力承担高额场地租金，书店倒闭。

三、总结办好发行协会的经验

1992年，中发协在沈阳召开了全国发行协会经验交流会，各省、市发行协会或筹备组的代表都参加了。这次会议是我主持的，我把会上交流的经验、体会，加以精选和编辑加工，以《怎样办好发行协会》为书名由中国书店出版社出版。书中介绍了当年办得最好的省、市、区、县发行协会，包括辽宁省发协和沈阳、重庆、长春、蚌埠、内江市发协以及沈阳铁西区、大连沙河口区发协和瓦房店（县）发行协会。书中我以序言为题结合我的体会把这九个发行协会的经验概括为三点。

1. 明确发行协会的性质、任务。实践表明，凡是办得好的发行协会都对协会的性质、任务有明确认识。发行协会是行业协会，它不是政府机关，也不是任何官方机构，而是由书刊经营企业的法人代表组成的民间团体。民间性具有灵活、超脱的优势，可以从事许多不必由政府出面办理的事情。例如，市场信息交流、理论研讨、与国外同行业的往来和友好交流等等。除中发协已先后派出三个会员代表团出国考察外，福建省、厦门市发协和广东省、深圳市发协开展对我国台湾和港澳地区的同业交流，增进了相互了解和同行友谊。

1992年9月，国务院领导同志在全国社团管理工作会议上的讲话指出，"我国政治体制改革的一个重要方向是小政府，大社会，社团的兴起就是大社会的一个重要组成部分，今后的发展方向应该是社会上的事要由社会来办，不能都由政府包下来"。民政部副部长范宝俊在这次会议上说："近几年发展迅速的行业性社会团体，不受部门、系统、所有制的限制，对企业进行协调、服务，帮助企业解决存在的问题，为企业的发展创造了良好条件。"我们应该理解领导同志的讲话精神，认识发行协会民间性的作用，把发行协会办得更好。

我国实行中国特色社会主义市场经济，市场主体由两个层面构成，一个是从事市场交易的企业经营者，另一个是依法管理市场的政府机关。在这两个层面之间还要有一个行业协会。市场上的企业经营者众多且分散，从书刊发行行业来说，不仅有总发行的出版社、新华书店,有二级私营批发商、国有和民营的连锁集团及其众多的连锁门店,还有网上书店以及多种所有制的大、中、小型零售书店、书摊、书贩。政府对市场经营者的管理往往鞭长莫及,这就需要行业协会把全行业组织起来,通过行业公约进行自我教育、自我管理,在行业内部互相帮助、互相督促,逐渐形成全行业规范市场的约束机制。形成行规、行约,在这个基础上,发行协会要代表会员向党和政府反映本行业的要求、愿望,协助全行业解决存在的问题,为行业发展创造良好条件;另一方面行业协会要将党和政府的有关方针、政策、相关规定向本行业宣传贯彻,协助政府加强行业管理,建立良好的市场秩序。这就决定了行业协会在会员与政府之间发挥桥梁、纽带作用。

民间性质与桥梁、纽带作用相联系,赋予行业协会独具特色的工作任务:为会员服务、为政府服务。就发行协会的双向服务来说,归根结底就是贯彻落实书刊发行工作的总方针:为人民服务、为社会主义服务。我认为,当前的书刊发行业协会,要坚持以习近平新时代中国特色社会主义思想为指导,深入贯彻党的十九大精神,推动全国书刊发行行业,更好地满足人民群众的精神文化需求。

2. 把书刊发行行业组织起来。要完成发行协会任务,必须大力发展会员。只有把一切合法经营的国有、集体、个体发行业者本着自愿原则都吸收入会,才能使全行业形成群体力量,促进联合,增强团结。否则,协会仅仅是个空牌子、虚架子。协会秘书处成为孤家寡人,已发展的会员不满意,上级领导也不会重视。

辽宁省发行协会早在1988年根据新闻出版署通知已经建立起来。第一届辽宁省发协会长孙钧是省新闻出版局副局长,很重视省发协工作，亲自总结和布置全省发协任务。省发协第一届秘书处依托在辽宁省新华书店，秘书长是刚刚离休的省店副经理，他热心协会工作，推动全省14个市（地区）建立了市发协，并用典型引路的办法促使大城市的区以及大部分县都建立了发行协会，形成全省书刊发行业的大联合和协会网络。旧中国，在北平、上海、沈阳少数城市虽然也有书业公会行业组织，但主要为汉奸政府和书业资本家服务，没有也不可能形成全省性发行协会网络。就这一点来说，辽宁省发协是一个创举。

　　第一届沈阳市发行协会已经将全市500多家集体、个体书店全部吸收入会。他们利用市文化市场管理机关对全市发行业者验照换证的机会，介绍发行协会的性质、任务，使他们认识到发行协会是维护行业合法利益的组织，是会员之家。有了共同认识，集、个体发行业者都会愉快地、自愿入会。

　　第一届沈阳市铁西区发行协会共有104名会员。其中，绝大多数是个体书亭、书摊。据铁西区发协调查。从事个体书业的人绝大多数是退休教师、退休干部、买断工龄的工人或职工家属，少数是待业青年。他们是普通群众，经营目的固然为了赚钱，但只要引导得法，他们是一支不可忽视的社会主义发行力量，关键在于组织起来，吸收他们入会，对他们进行热情帮助、教育和鼓励，使他们增加对协会的向心力和凝聚力。蚌埠市发协，与铁西区个体书业的人员构成基本相同。

　　3. 多办实事增强行业协会凝聚力。多办具有发行行业特点、使会员单位和全行业受益的实事，是发挥发协凝聚力的重要措施。例如，联合全行业举办各种类型的书市、展销，声势大、效果好，可以促进书刊市场繁荣。第一届北京市发协一年时间联合集体书店举办了3次书市,沈阳市发协3年来先后举办各种不同形式的专业书市、展销30多次,第一届吉林省发协和长春市发协共同举办艺术书市、教师节书市、国庆节书市,受到读者欢迎和社会舆论赞扬。据各地发协统计,每次书市的销售额均较平时同期增加50%左右。南京市发协除举办大型书市外,还在全市4个繁华街区开辟了旧书市场,促进了旧书再流通。

从繁荣书刊市场出发,发行协会还有许多实事可做。例如,举办培训班、研讨会、报告会、信息交流会、服务竞赛、表彰先进以及紧密配合"扫黄打非"运动、总结推广改革开放经验等等。总之,按照会员愿望、要求,发行协会每年扎扎实实办几件看得见、抓得住的好事,协会工作就会一步一个脚印地开展起来。

第一届中发协,我的每月工资仍由总店发给。1993年3月,我办理了离休手续。除继续在协会工作外,还承担总店的《图书发行》报总编辑工作和发行教材编辑工作。1993年4月,经新闻出版署批准,《图书发行》报改名《中国图书商报》,从每周一期增加为两期,从4版增加到8版。《中国图书商报》作为行业报改由总店、中发协共同主办,向社会发行。总店总经理邓耘任报社社长,我任总编辑。我唯恐《中国图书商报》发生政治错误。每天晚上都认真审阅8个版面的"商报"清样。有的标题不妥,我重新拟定;部分文章有问题,我要加以删改;有的广告属非法广告,我要加以删除。我审读八个版的报纸清样,经常到深夜两点多钟,非常疲乏。

中发协第一届换届改选时,我辞去了《商报》总编辑工作和中发协一切职务,埋头撰写《中国图书发行史》(60万字),1999年由高等教育出版社出版。这部书的史料,我已积累了近

20年。2009年，我增补了古代史料，新闻出版总署署长柳斌杰作序，由中国时代经济出版社出版了第二版（增订版）。从1989年到2002年，我先后应邀为京、津、沪、辽、吉、黑、晋、冀、鲁、豫、鄂、青、甘、内蒙等14个省（区、市）新华书店县书店经理培训班讲授图书发行业务课（每次授课一周），还为中央文化管理干部学院、北京印刷学院图书发行培训班讲课（30—50课时）。1991年7月，上海新华书店把我的讲课稿录制成音像带，向全国新华书店征订发行。1997年我应新闻出版署干部教育司之约，主编《图书发行员·国家职业技能鉴定规范（含考试大纲）》，1998年2月由劳动部、新闻出版署颁发，印刷工业出版社出版。

2002—2008年，应约为北京城市学院出版发行专业讲授《图书发行学基础》（每年70课时），并担任该专业毕业论文指导教师。

从中发协第二届起到第五届止（1995—2014年），我被中发协聘为顾问和中发协学术委员会副主任（主任为中发协副会长），负责应征的学术论文评选，并对评选出的优秀论文加以编辑，陆续出版《大力开拓农村图书市场》（中国农业版）、《国有书店改革与发展》（人民教育版）、《书业体制改革》（中国青年版）《图书市场营销》（人民文学版）、《书刊发行业连锁经营》（中国劳动版）。此外，我还独自编辑中发协会刊《中国出版物发行》，直至2013年4月辞职。我开始撰写《图书发行学案例教程》（含410个发行案例），2015年由人民出版社出版。

新世纪以来，我撰写了多篇回忆录，回忆我的顶头上司——李文、王益、卢鸣谷、周保昌的出版发行业绩，发表于《出版史料》上。这几位老领导均已辞世，他们为解放区和新中国的出版事业作出了杰出贡献，非常感人，应该让后人了解。

1990年以来，党和政府多次给我的鼓励、奖赏，我从内心里感谢党的关怀。1992年，我荣获国务院颁发的政府特殊津贴。1999年我荣获第六届中国韬奋出版奖（线装书局出版《沿着韬奋的足迹》第139页，有我的业绩介绍）。2009年，我入选"新中国六十年百名优秀出版人物"（新闻出版总署以新出〔2010〕3号文件发出《评选结果通报》）。

陈含章： 郑老，您离休至今又工作了31年（2018年），可见您对此项工作的热爱。您一辈子都在与图书打交道，能谈谈您的人生感受吗？

郑士德： 今年（2018年）我九十周岁，一辈子同图书打交道——少年时代爱看闲书（小说），青年时代卖书，老年时代编写"卖书的书"。在书店行业我应邀为14个省（区、市）新华人讲授卖书知识、卖书故事、卖书历史。我的工作岗位，一辈子没有离开过新华书店，从基层书店到省分店、总分店、总店。我在总店工作了30多年，可以说，我是地地道道的新华卖书人，几十年来，虽然也有曲折、逆境，但我无怨无悔，其乐无穷。我在新华书店这个得天独厚的读书环境里生活、工作、学习，感到无比幸福。我天天接触图书，同图书构成了难舍难分的感情。对于畅销书，有"何日君再来"的惜别情愫；对于积压的滞销书，有"恨不相逢未嫁时"的郁结，总想为滞销书找到需要的读者对象，难啊！当它们被报废送到造纸厂化浆时，我心疼极了。

在发行活动中我了解到：一本书救活了大片秧田、一本书使果园大丰收，一本书防止了一个工厂倒闭……许许多多因书受益的动人事例，让我深刻体验到，在新华书店卖书是个高尚职业。革命战争时代，为宣传马克思主义、毛泽东思想，抛头颅、洒热

1990年代，甘肃省新华书店先后举办四期县店经理培训班，每期7天，均由郑士德讲课。上图为郑士德讲授图书发行管理。下图为第四期学员（县店经理）听课。其中有青海县店经理17人。

血而英勇牺牲的发行烈士，永远值得我们悼念。在和平建设的新

第九章 九十年代建立的发行协会

黑龙江省新闻出版局先后举办县店经理培训班五期（每期培训7天），均由郑士德（前排左数第五人）讲课。前排左数第六人为省局张副局长，前排左数第四人为省店经理张克山。

20世纪80—90年代，郑士德先后为京、津、沪、辽、吉、黑、晋、察、冀、鲁、豫、鄂、甘、青、内蒙古等15个省（市、区）新华书店培训班讲课，还为北京印刷学院、文化管理干部学院图书发行专业讲课。21世纪初始10年，为北京城市学院出版发行专业讲课，每学年70课时。

时代。为传播中国特色社会主义思想文化和科学技术知识的新华人，仍然大有作为。

  当前，我不服老，身体依然健壮。每天坚持锻炼，头脑清楚，笔耕不辍。我时刻要求自己：不要浪费呼出的空气，不能白拿离休养老金。作为我的"口述历史"结束语，特赋拙诗一首：

此生有幸书为业，一扫妖氛灭豺狼，

亦文亦商传真知，边鬻边学赛课堂。

白首身退心不退，梦中犹在店里忙。

喜看今朝阅读热，乐做新华卖书郎。

附录

《新华书目报》编者按：

新华书店最初在延安创立时是中共中央党报委员会的发行科，对外称新华书店，1939年至1940年，中央作出"每个根据地都要建立印刷厂，要有出版书报、组织发行和输送的机关"的指示后，各根据地更加重视书刊的出版发行工作，纷纷把书刊出版发行工作从报社分离出来，独立建设了编辑、出版、印刷、发行一揽子经营的新华书店。从本文中我们可以了解到初建立的新华书店究竟是怎样开展工作的，看到革命先辈是如何艰苦创业、前赴后继，使新华书店发展壮大不断取得创业成果的。缅怀过去，是为了启迪现在。对今天的新华人来说，那段历史弥足珍贵。

新华书店第一代发行员是长征战士

郑士德

1936年12月，西安事变和平解决。1937年1月13日，中共中央从陕北保安进驻延安。为加强抗日救国和宣传马克思主义，1月22日，由党的总负责人张闻天和秦邦宪、周恩来、王明、凯丰等组成中共中央党报委员会，成为中央的出版领导和出版管理机构，廖承志任秘书长主持日常工作。为适应抗日民族统一战线的新形势，中央决定：将早在中央苏区就出版的《红色中华报》改称为《新中华报》、中央苏区的通讯机构红中社（红色中华社）改称为新华社，另将4月24日新成立的发行机构定名为新华书店（初创期，书店名称尚不规范，有时称"书店"，有时称"书局"），这三个机构由中央党报委员会直接管理。初创期的新华书店同时是中央党报委员会的发行科。中央党报委员会以解放社名义出版中共中央机关刊《解放》周刊，并出版马列经典著作和革命理论著作，统一交由新华书店发行。

《解放》周刊于1937年4月创刊，至1939年8月终刊，共有26期刊登新书广告，总计介绍解放社出版的新书128种。以1938年6月8日出版的《解放》周刊为例，就刊登新书广告11种，包括：《列宁选集》第3、10、13卷、《列宁主义问题》《什么是列宁主义》《抗日民族统一战线教程》《马克思·恩格斯论中国》《抗日游击战争战略问题》（毛泽东著）、《共产国际七次大会决议》，以及《抗日民族统一战线指南》第二册、第三册等。新书广告以突出位置注明："解放社出版，新华书店总经售。"1938年7月1日的《解放》周刊出版了《抗战一周年、中国共产党十七周年纪念专刊》。在封面上有毛泽东的亲笔题词。毛泽东的《论持久战》最初发表在这期专刊上。朱德、刘少奇、林彪、黎平、洛甫（张闻天）、林伯渠、陈伯达等人，均在这一期上发表了文章。在这一期封面上印明，编辑：解放社，发行：新华书店。

新华书店创建初期的首任经理是中央党报委员会支部书记兼发行科科长涂国林。他是湖南华容县人，1926年入党，在长沙、上海从事党的发行工作多年。后来，他参加了周恩来领导的"八一"南昌起义，又参加贺龙领导的湘鄂西起义。1936年，他到陕北保安任中共中央白区工作部秘书。党中央进驻延安，白区工作部撤销，他被调到中央党报委员会工作。他为创建新华书店作出了重要贡献，1938年10月他被调到中央宣传部工作；1940年，涂国林调往重庆，任《新华日报》管委会委员兼营业部主任，为扩大发行《新华日报》出版的书报刊，同国民党特务进行了艰苦卓绝的斗争，曾一度被国民党宪兵团逮捕，经周恩来交涉，很快获释；后调任中共中央南方局出版发行科科长。20世纪70年代，他任核工业部政治部主任，1980年从核工业部顾问岗位上离休。

1982年，笔者曾走访过涂国林。涂老平易近人，记忆力强，待人热情。他向笔者介绍，党报委员会发行科和新华书店是一个机构、两块牌子，有一个木质长形的"新华书店"印章，对外使用。刚刚建立的新华书店，有4位经过长征考验的红军战士，从事书刊的仓储发运工作，同时为党报委员会传送文件、信函，当时称他们为"通讯员"；另从陕北红军调来一位毛笔字写得较好的干部，负责书写图书包件的通信地址和收件人姓名。新华书店的第一代发行员是经过长征考验的红军战士，他们把长征精神带到了新华书店，我们后来的新华人都是长征战士的接班人。

为防备敌机轰炸，中央党报委员会机关以及其直接领导的新华社、新中华报社（1941年5月改版，称解放日报社）新华书店、新华广播电台、中央印刷厂等宣传单位均设在延水河畔的清凉山万佛洞。毛泽东等中央领导人初到延安时也住在这座山下。延安时代，清凉山是中共中央重要的新闻出版阵地。全国解放后，陈毅元帅赋诗说，"万众瞩目清凉山"。

清凉山上有不少人工凿成的石窟，称万佛洞。在山麓的低层石阶有个石窟（佛洞），是新华书店零售书刊的门市部，也是涂国林的"办公室"和"卧室"，每月售书千元（边币）左右。新华书店开办初期没有营业员，涂国林自己售书。沿着这个低层石阶曲曲折折上行，可达万佛洞主窟，面积有几百平方米，中央印刷厂就设在这个最大的佛洞里。印刷厂刚开工时，没有电，就用人力摇转印刷机器；没有电力裁纸刀，印装的书刊都是毛边的。后来，中央印刷厂工人发明木质裁切纸刀，才改变了毛边书。沿主窟右侧再上行，有个石窟是新华书店的书库。从主窟印装好的书刊，先扛到这里，进行收货、存储、配书、包装、书写贴头，然后扛到山下，送邮局寄发。用今天的术语来说，这就是新华书店初创期的物流业务。

当年的发行工作很辛苦。通讯员们每天要多少次从清凉山的羊肠小道爬上爬下，把众多书刊包件扛上搬下。随着解放社出版的图书增多，发行量越来越大，发行范围远至山西、陕西、河北、绥远、山东、河南、甘肃、四川、湖北、湖南等省，北平图书馆（今国家图书馆）也直接来函购书。图书发行工作格外繁忙，涂国林带领几位长征战士（通讯员）常常加夜班。他们在四壁雕刻着佛像的石窟（书库）里，借着幽暗的青油灯光，包的包，捆的捆，写的写，经常工作到深夜。

第二天，必须抓紧时间把书刊包件送到延安邮局。邮局在延安城里西山坡下。通讯员挑着沉重的书刊包件，赤脚蹚过延水河。河里多鹅卵石，必须小心谨慎，防止滑倒，千万不能把图书打湿。就这样，天天挑，月月挑，有的通讯员难免闹情绪，要求回部队、上前线。涂国林善于做思想工作，经常同通讯员一起打赤脚挑着书担过河。有一次，涂国林挑书担过河被秘书长廖承志看见，就说："怎么的？你自己挑担子！"涂国林回答："我这是做思想工作，做的比说的有效。"

延安的机关很多，驻地分散。这些单位需要解放社出版的书刊，统一由通讯员（长征战士）涉延水、爬山坡，一一送上门去。

解放社出版的图书和《解放》周刊在社会上产生了巨大影响，国民党当局坐卧不安。1937年10月初，国民党陕西省教育厅厅长周某下令："查封延安新华书店和《解放》周刊。"延安是中共中央所在地的解放区，所谓"查封延安新华书店"，不过是一句空话，但解放社出版物在国统区的发行却受到严重阻挠。《解放》周刊西安分销处被国民党宪兵查封，分销处主任王均予被捕。《解放》周刊被劫去两万多份、图书数百册，并在西安、三原等地设岗搜查。八路军西安办事处立即向西安当局交涉。国民党陕西省党部推说："这是南京当局的命令。"

1937年10月30日，《解放》周刊第21期发表时评《抗议解放周刊的查禁》："向西安当局及南京最高当局提出严正交涉……向全国抗日同胞作最愤慨的声诉。"经八路军南京办事处向南京最高当局交涉，国民党中央宣传部部长邵力子电示其陕西省党部："和解了事。"《解放》周刊西安分销处启封，分销处主任王均予获释，被没收的大批书刊发还。

《解放》周刊西安分销处是中共党员在西安从事统一战线工作的南汉宸、张道吾创办的。主要任务是发行延安出版的书报杂志。恢复营业后，经常有国民党特务干扰破坏，殴打贩卖《解放》周刊的报童，对前来购书的读者进行盯梢、恐吓。但是，一些进步青年则在暗中帮助分销处开展发行工作。

1938年9月，新华书店充实了人力，调进王庶心（陈赓将军的夫人）任会计，周一民（原名周秀珠，原中共满洲省委书记罗登贤烈士的夫人）任出纳，涂松之（一二九师政委张浩的夫人）任库管员。不久，涂国林调中央宣传部工作。西安《解放》周刊分销处主任王均予继任发行科科长，实为新华书店第二任经理。

王均予曾多年在上海地下党担任秘密交通发行总负责人。张闻天曾赞扬他是"发行大王"。

1939年9月1日,以李富春为部长的中共中央出版发行部成立。中央党报委员会出版科、发行科(新华书店)并入中央出版发行部。该部继续以解放社名义出版书刊。新华书店的第一代发行员(长征战士)又纷纷回到部队,奔赴抗日前线。从此,新华书店独立建制,从陕北公学学员中调来曾在生活书店、新知书店工作过的王矛、卜明、周保昌等人,由清凉山迁至北门外建立新华书店门市部和批发部,毛主席亲笔题写了新华书店招牌,王矛任经理,新华书店划归中央出版发行部领导,承担延安出版的图书、报纸、期刊总发行和零售任务。同年秋冬,在敌后根据地的兴县、黎城、陇东建立了三个分店。新华书店改称"新华书店总店"。中共中央出版发行部出版重要著作用解放社的名义,出版一般图书用新华书店名义。

我国先秦古籍《庄子》有句话:"其作始也简,其将毕也巨。"意思是说,新生事物开始时极其简单、微小,后来却有了巨大发展。在延安石窟创建的新华书店恰恰印证了这句话。初建时的新华书店在党的领导下拥有强大的生命力。迄今,新华书店已遍及全国大中城市和两千八百多个县城以及部分乡镇,并向纽约、伦敦、多伦多等海外城市发展。为实现出版物发行的现代化、数字化,正在运用高新技术"武装"书店的信息流、商流和物流。

(原载2013年11月18日《新华书目报》)

贺龙将军派连队武装护运图书

郑士德

抗日战争时期，革命圣地延安是全国进步出版业的中心。解放社、中央出版发行部、新华书店总店等单位出版发行的书刊，要先发运到晋西北兴县的八路军兵站，由兵站克服重重困难向晋察冀山东等敌后抗日根据地转运。一二〇师师长贺龙将军曾派出一个连的兵力，冲破敌人的封锁线，武装护运图书。这件事情得从头说起——

1938年8月，朱德总司令从山西抗日前线返回延安。他在延安各界的欢迎大会上讲话说："前方文化食粮非常缺乏，看不到书籍报纸，而敌人的特务机关通过新民会、宣抚班统治了新闻、杂志、书籍，组织了各种欺骗宣传团体，出版了大批的报纸、杂志、小册子、传单来宣传'东亚新秩序'……我们后方要把出版的马列著作、毛泽东著作和抗日的书报刊物大批地输送到前方去。"为响应朱总司令的号召，陕甘宁边区文化界救亡协会曾向延安各机关团体发起为前方募捐书籍的活动，共募到七千多册图书。但是，如何把这批图书和延安陆续出版的新书刊运送到前方，仍是一个亟待解决的问题。

1939年3月，为了加强党对发行工作的领导，中央决定："从中央起至县委止，一律设立发行部，必要时区委亦设立发行部，支部委员会设发行干事……"1939年6月，以李富春为部长的中共中央发行部成立。同年9月，中共中央发行部改称"中共中央出版发行部"。中央各部门翻译和编辑审定的书稿以及各种杂志，统一由中央出版发行部出版，并由该部直属的新华书店总店发行。

同年11月，中央出版发行部派发行处处长向叔宝和秘书处运输科科长许光庭，到晋察冀等边区帮助建立发行部和调查了解延安出版物的运输情况。临行前，李富春部长找向、许二人谈话，交待任务，并给他们配备一匹马。

向、许二人首先到了绥德，他们的工作得到绥德警备区司令员、三五九旅旅长王震和中共绥德特委书记张秀山的大力支持。经过一个多月的工作，他们帮助绥德特委建立了发行部，并在米脂等4个县建立了发行网点。由绥德特委创办的西北抗敌书店承担起向所属各县发运延安出版物的任务。

第二站到达晋西北的兴县。向、许二人同中共晋绥区党委书记林枫商谈了建立发行网点的问题，帮助其成立了晋绥区党委发行部，并以一二○师三五八旅随军文化合作社为基础成立了新华书店兴县分店。林枫又给他们配备了一匹马。这样，向、许二人都可以骑马向晋察冀进发了。

但是，他们在短期内却走不了。他们发现，从延安发给晋察冀边区的六十多箱图书因敌人的封锁未能及时转运出去，滞留在了兴县兵站。向、许二人决定把这批图书运到晋察冀去。从晋西北根据地到达晋察冀边区风险不小，要经过游击区、敌占区，他们一无运输工具，二无人帮助护送，要将这六十多箱图书安全运走，谈何容易。他们直接找到了驻在兴县的一二○师师部，向师长贺龙、政委关向应求援。到了师部，赶上两位首长正在吃饭。

两位首长热情地留他俩一起用餐，吃的是黑面馒头和黑豆芽子汤。向、许二人一边吃饭，一边向首长汇报。贺龙将军说，刚从晋察冀过来三十多匹骡驮子，可以驮运图书返回。贺龙让参谋长下达命令，派一个连队武装护运图书到晋察冀边区。

就这样，三十多匹骡驮子组成了运书队，每个骡驮子驮两大箱图书，在全副武装的八路军连队护卫下向晋察冀敌后根据地进发。运书队一开始是在晋西北根据地行进，相对安全，但仍会遇到敌特打冷枪。骡驮子运书队目标大，行动笨拙，不易隐蔽，进入游击区和敌占区存在很大风险，为防止敌人袭击，只好在夜间行进，同时要靠群众提供日伪军情报，提供粮草并且带路。在突破敌人封锁线时，运书队一夜强行军120华里，同志们饥渴难忍，有的同志只好喝自己的尿来润润喉咙。

与敌人周旋了二十多天后，这支运书队才安全越过同浦铁路。晋察冀军区派支队前来接应，先把他们护送到安全地带——山西盂县的一个村庄。到了较为安全的晋察冀边区，不需要武装护运了，向、许二人告别了一二〇师的护运连队，带领三十多匹骡驮子继续前行，于1940年4月到达中共中央北方分局所在地——阜平县合峪。他们两人把六十多箱图书移交给北方分局秘书长姚依林，并向分局书记彭真做了汇报。分局认为，晋察冀边区处于敌后的战争环境，机构要精干，指定分局机要交通科科长罗军负责分局发行部工作。

为了建立全边区的发行系统和发行网点，北方分局于1940年7月举办了发行干部训练班。北方分局秘书长姚依林讲授第一课——做好发行工作的重要意义。向、许二人分别讲授了出版物发行和图书运输等专业课。

向、许二人历时10个月，顺利完成任务。当时正值百团大战，他们随一二〇师游击大队同日寇周旋了月余，才突破敌人封锁线到达晋西北兴县。向叔宝因另有任务暂时留在兴县。1940年11月，许光庭回到延安，向出版发行部做了此次调查的汇报。经部领导研究，为解决出版物运输问题，主要措施应采取向各根据地运送样书，或由各根据地往来于延安的干部捎带样书，在各地重印发行。

中共中央对出版物的扩大发行和运输工作非常关心，同年12月25日，毛主席为中央起草"对党内指示"——《论政策》指出："每个根据地都要建立印刷厂，出版书报，组织发行和输送的机关。"各根据地为落实这个指示精神，陆续建立了出版发行机构。这个由毛泽东撰写的"对党的指示"是新华书店在根据地——解放区迅速发展的重要原因。

1986年7月，笔者去大连开会，当时便走访了已离休的大连原副市长许光庭同志。许老向笔者介绍了贺龙将军派连队护运图书的具体情况，并应约撰写了回忆录。笔者将许光庭的回忆文章编入新华书店总店出版的《书店工作史料》第三辑第169页至172页。

（本文原载2013年12月16日《新华书目报》）

此生近百岁　拓荒无尽时
——记老新华人李文的艰苦创业历程

郑士德

曾任陕甘宁边区新华书店经理、东北新华书店总经理的李文，于2010年1月20日在京辞世。这位享年98岁的老新华人，曾经是我的顶头上司。1946—1954年，我在东北新华书店的分店、总分店工作期间，有幸得到他的言传身教，受益匪浅。他总是面带微笑，宽厚待人，不断地带领团队为传播进步文化而艰苦创业。

李文原名李济安，江苏江阴人。1928年入著名诗人徐志摩在上海创办的新月书店工作。1934年参加革命，在著名出版家邹韬奋创办的上海生活书店从事出版工作。由于他敬事乐业，勤学苦练，很快成为生活书店的业务骨干。1937年，邹韬奋派他赴重庆，创办生活书店重庆分店，任经理。翌年，参加中国共产党。他在党的领导下，密切联系重庆的中小书店，发起成立书业界联谊会，积极开展抗日救亡活动。

创办生活书店重庆分店

1937年11月初，侵华日军从我国杭州湾登陆。11月12日上海沦陷，邹韬奋率领生活书店同人迁武汉。1938年10月25日，武汉沦陷，生活书店再迁重庆。生活书店在重庆这个战时首都正式建立总管理处,在大后方设立了50多个分支店。李文仍任重庆分店经理,他为生活书店总处迁重庆立下了头功。

创办晋冀鲁豫华北书店

1940年3月,在重庆主持中共中央南方局工作的周恩来副主席,通知李文等三位党员到曾家岩50号八路军办事处谈话,指示生活、读书、新知三家书店派人到敌后抗日根据地创办出版事业。经过周密筹备,同年8月,生活书店派李文、读书出版社派陈在德、新知书店派赵子诚三人奔赴敌后抗日根据地——晋冀鲁豫边区的山西辽县(今改名左权县)桐峪镇,这里是八路军总部所在地。在八路军野战政治部主任罗瑞卿的亲切关怀和支持下,以李文任经理的华北书店于1941年元旦在桐峪镇开业,并在辽县麻田镇和涉县河南店建立两个分店。李文心灵手巧,设计一种活动式书架,平时在门市部陈列图书,一旦日寇来袭,可迅速组装成书箱,坚壁清野。李文等人用随身带来的样书,重印生活、读书、新知三家书店的出版物,供应给边区的干部、群众。

创办延安华北书店

李文刚刚把华北书店的工作安排就绪,1941年4月,野战政治部送来延安电报,通知李文迅速去延安。他与总政电影队徐肖冰等人结伴同行,每天徒步走五六十里路,过敌占区、国民党军封锁区,屡经风险,于8月中旬到达革命圣地延安。在中央出版局的帮助下,李文着手筹建延安华北书店。他先在延安北门外盖了三间平房,作为华北书店的门市部。经过他的精心策划和日夜操劳,1941年10月,以民营面目在延安开设的华北书店正式开业,李文任经理。他征得边区教育厅支持,边区的中小学课本由华北书店出版发行。该店陆续出版40余种书籍,如文艺书《铁流》《毁灭》、历史书《中国史话》、科普读物《从猿到人》等等。

创办陕甘宁边区新华书店

延安华北书店成立6个月之后——1942年5月1日，陕甘宁边区新华书店在延安北门外成立，首任经理宋玉麟。初期的任务是发行解放社出版的书刊和党中央机关报《解放日报》，以解脱新华书店总店对陕甘宁边区的具体发行业务。总店则集中精力开展全国范围（包括解放区、国统区和敌占区）的书刊发行工作。

1942年秋，整风运动开始，中央宣传部将华北书店划归西北局宣传部领导。西北局宣传部则将陕甘宁边区新华书店与华北书店合并，统一经营，对外挂新华书店和华北书店（1944年11月，为纪念邹韬奋逝世，改名韬奋书店）两块招牌，实际是一套人马。李文任经理，宋玉麟入党校学习，后调山东解放区，新中国成立初期，任新华书店上海分店经理。

李文把陕甘宁边区新华书店从单一的发行机构发展为集编、印、发于一体的出版发行机构，年出版图书近百种。著名的如《白毛女》《血泪仇》《兄妹开荒》《十万个为什么》《地球和宇宙》等书。其中的《白毛女》已成传世之作。

李文是位开拓型干部，克勤克俭进行经营积累，自办石印厂。他亲自联系延安的画家，绘制领袖像、年画、连环画，又联系总参等有关部门绘制了多种地图，均由该店出版发行。

原来的两家书店都很窄小，光线差，设备简陋。合并经营后，李文殚精竭虑，多方筹措资金，亲自选购建筑材料，在延安南门外商业街区建起一座五间门面的两层楼房，上悬毛主席、朱总司令的两幅巨型画像，用水泥刻铸了"陕甘宁边区新华书店"9个大字。其中"新华书店"4个字，是毛主席于1939年题写的标准体。它是当年延安城内最阔气、知名度最高的门面。1947年3月党中央主动撤离延安，1948年4月我军收复延安，中央电影队先后两次拍摄的新闻纪录电影片，均将边区书店作为重点镜头拍摄下来。

开创图书下厂之先河

李文是精通出版发行业务的行家里手，深知要把延安的出版物覆盖到陕甘宁边区，必须像生活书店那样，建立指挥如一的分支机构，有效地建立自己的发行渠道。在边区各地党委宣传部的支持下，仅仅用了一年多时间就建立了分支店和代销处43处。

为贯彻延安文艺座谈会精神，使出版发行工作更好地面向工农兵广大群众，在大力出版通俗读物的同时，李文带领发行人员走出店门，深入工厂、农村流动供应图书，产生了良好的社会反响。党中央机关报《解放日报》于1944年1月2日发表黎文（李文）的长篇文章《怎样把书报送到工农兵手里》，并配发由艾思奇撰写的社论《群众需要精神食粮》，充分肯定边区书店的主动服务精神。李文带领陕甘宁边区新华书店的同志们最早实践了图书下厂、下乡，成为全国新华书店系统面向工农兵开展流动供应图书的先驱。

创办东北新华书店

李文为创建东北新华书店和建立东北全区的分支机构作出了不可磨灭的贡献。在东北局宣传部的领导和支持下，李文等人先后在哈尔滨、长春、沈阳建立了三个颇具规模的印刷厂，还建立了文具厂、造纸厂和东北文化用品供应社。随着东北解放战争的节节胜利，李文派出小分队随军前进，每解放一座城市就立即建起东北新华书店的分支店。1948年11月东北全区解放，共建成201个分支店和100多个分销处。经李文请示东北局宣传部批准，东北新华书店实行企业化经营；各地分支店的人、财、物统一由东北新华书店管理；分支店在接受当地党委宣传部领导的同时，接受东北新华书店的领导。

精心出版东北版《毛泽东选集》

李文这位总经理狠抓编辑出版工作。从1946年到1950年,在纸张、印刷物资十分困难的情况下,东北新华书店共出版图书(含教科书)1 000余种,出版期刊4种。周立波的《暴风骤雨》、马加的《开不败的花朵》等文学名著,均由该店初版。最著名的是1948年5月出版的东北版《毛泽东选集》。这部1 000多页的精装巨著,是由东北局宣传部部长凯丰主持,报经党中央批准出版的。李文亲自奔赴图门附近的石砚造纸厂,特制一种道林纸,作为全书用纸。全书的封面和装帧由李文亲自设计,分小羊皮精装、布面精装两种。校对工作除由专职校对员承担外,李文和两位副总经理又反复校对了七次,做到了没有一个错字。由当时印刷设备最好的东北铁路印刷厂印制,共印两万部。

组织战地文化服务队

1950年10月25日,我中国人民志愿军跨过鸭绿江,开赴朝鲜前线,向窜至鸭绿江附近的美国侵略军发起强大反攻,第一次战役歼敌一万三千余人。为防止美军轰炸我重工业基地沈阳,东北新华书店绝大部分人员连同库房存书,转移至长春(1951年3月返回沈阳),只有李文带领十几个人坚持在战云密布的沈阳工作。李文考虑到志愿军对精神食粮的需求,与大连分店副经理徐澄波商定,从该店抽调12名干部组成新华书店战地文化服务队。在东北军区的帮助下,携带适合部队需要的大批图书开赴朝鲜前线。临行前,李文亲自做政治动员,安排他们向浴血奋战的志愿军赠送图书,帮助连队建立图书箱,丰富连队的文化生活。

为解决书源,总店部署全国新华书店向广大读者发起为志愿军捐募图书活动。全国抗美援朝总会非常重视这项活动,拨出专款为志愿军印制 86 万册有关战斗英雄故事的连环画。全国新华书店共募集图书 550 万册。全国各地出版社又先后印制 700 多万册图书。这些图书陆续运到沈阳的东北总分店和安东（今丹东）的辽东分店。经过鉴别、分类、整理、打包，同运往朝鲜前线的粮食、弹药一样，由志愿军后勤部队冒着敌机轰炸运往志愿军各军兵种部队。然后，由战地文化服务队 5 个小分队分送到连队，帮助建立图书箱。当时的运输条件异常困难，各小分队要冒着敌炮轰击，翻山越岭把图书背到各个坑道里。

在前沿的坑道里，看连环画和阅读战斗英雄故事成为志愿军战士最好的文化活动。像《董存瑞舍身炸碉堡》《英雄连长杨根思》《刘胡兰》《郭志田英雄排》等书极大地鼓舞了战士们的斗志。战士们非常喜爱这些画册，相互传阅，翻得书页鼓胀，书角卷起。有些连队指导员用这些画册做战前动员。著名战斗英雄黄继光壮烈牺牲时，衣兜里仍然揣着《钢铁战士》和苏联英雄书籍《马特洛索夫》两本画册。

从 1950 年 12 月战地文化服务队奔赴朝鲜战场，到 1953 年 7 月朝鲜停战协议签字，战地文化服务队共计向志愿军陆续赠送图书 1 380 万册，建立图书箱 7 662 个。1953 年 9 月他们完成任务，光荣回国。中国人民志愿军政治部对战地文化服务队的工作给予高度评价，并向新华书店总店等单位发来感谢信。这表明，最早发起和组织战地文化服务队的李文，政治敏感强，决策正确，自觉地为抗美援朝这个党和国家的大局服务，效果十分显著。

积极发挥余热

李文离休之后，仍情系出版发行事业。他亲手撰写出版发行工作回忆录《到革命根据地去》《从延安到东北》，发表在新华书店总店编辑出版的《书店工作史料》第 1 集、第 2 集。

20世纪90年代，由陕西省新闻出版局发起组成《延安时代新文化出版史》编委会，李文是该书编委会的副主任，并且是该书的副主编，有相当一部分章节是他亲自撰写的。这是党中央在延安时代的出版史，2001年已由陕西人民出版社出版。

李文是最早参加生活书店工作的老同志，对该店的风雨历程和经营特色有较为全面的了解，在古稀之年仍竭力联络生活书店健在的老同志，组成编委会。他任主编，集体撰写了《生活书店史稿》，由生活、读书、新知三联书店于1995年10月出版。

著名出版家邹韬奋是李文在生活书店工作的直接领导人和恩师。邹韬奋的铮铮硬骨、一身正气和竭诚为读者服务的精神深深地感染了他，他又把这种精神带进新华书店。李文前后花了十多年时间，创作了《邹韬奋》电视连续剧（8集），并代为向出版发行界募集拍摄电视剧的资金，中央电视台已于1987年公开播出。他还自行出资，搜集整理和复印生活书店总管理处在抗日战争时期编印的店刊——《店务通讯》（共108期），供新华书店总店等有关单位研究参考。其中有许多文章是邹韬奋为指导生活书店的分支店工作而撰写的，极具历史文献价值和学习借鉴价值。

纵观李文的前半生，在解放区极端困难的物质条件下，像开拓荒原那样，从零开始，一而再、再而三地为传播进步文化而艰苦创业，功不可没；在他古稀之年，又无尽无休地为出版事业发挥余热，令人起敬。斯人已逝，风范长存。李文如果身后有知，当他回首生前的多次创业，定会含笑九泉。我作为他的老部下，谨以四句拙诗抒发对老领导的怀念之情：此生近百岁，拓荒无尽时。创业知多少，含笑回望之。

（本文原载2010年5月21日《新华书目报》）

《出版发行研究》编者按：2007年4月27日是新华书店成立70周年的纪念日。新华书店自在延安窑洞诞生以来，一直为中国革命的胜利发挥着宣传队和播种机的作用。1949年10月3日，全国新华书店出版会议召开，这是我国出版历史上，尤其是新华书店店史上具有划时代意义的一件盛事。根据这次会议的决定，新华书店实行了全国范围内的统一，同时，也为日后全国统一书价和1951年的出版发行专业分工创造了条件。

本文作者作为全国新华书店出版工作会议的亲历者，回忆了躬逢开国大典，并有幸同毛主席握手的激动时刻，现在读来的确令人倍感向往。

毛主席同我们一一握手
——回忆开国大典与全国新华书店出版工作会议

郑士德

1949年开国大典后第三天，中共中央宣传部在北京组织召开了全国新华书店出版工作会议，这在我国出版事业史上、在新华书店店史上都具有划时代意义。来自各大行政区的久经革命斗争考验的50多名新华书店代表，以及中宣部出版委员会、解放社、中央军委总政治部、三联书店等单位的代表，共聚一堂，欢庆会师。会议遵照党中央指示，讨论了全国新华书店实行统一和加强专业化、企业化问题，从此开创了新中国国有书店发展壮大的辉煌历程。会议期间，毛主席在中南海接见了全体与会代表，并同代表们一一握手，大家深受鼓舞。

这次会议是由中共中央宣传部出版委员会筹备和组织的，会址就设在出版委员会机关（北京东总布胡同10号）。会间，外地代表被安排在机关后院的集体宿舍住宿，北京的代表回家住宿；大家在机关食堂就餐，从未沾过一滴酒。此次会议分成华东、华中、华北、东北、西北、三联书店等6个代表团（因当时华南、西南尚未解放，故未组建代表团），正式代表74人，列席41人。当年，我是新华书店哈尔滨分店（又称松江省分店）经理，作为东北代表团的10名代表之一，躬逢盛会，深受教益。

会议原定9月26日召开，由于许多领导同志正在参加第一届中国人民政治协商会议，所以，从9月26日起至10月2日改开预备会议。10月1日，全体代表列队来到天安门广场，非常荣幸地参加了中华人民共和国开国大典。当时还没有观礼台，我们站在天安门城楼下的西侧，面向广场。代表们以十分振奋的心情注视着新中国五星红旗在天安门广场冉冉升起；亲耳聆听了毛主席以宏亮的声音庄严宣布："中华人民共和国中央人民政府成立了！"中国历史由此进入了一个新纪元。

10月3日，全国新华书店出版工作会议隆重开幕。毛主席为会议题词："认真作好出版工作"；朱德总司令为会议题词："出版会议，加强领导，力求进步"。新华书店总编辑胡愈之（中央人民政府出版总署成立后任署长）主持开幕式并致开幕词。朱德总司令莅临开幕式，做了重要讲话。在开幕式上讲话的还有中宣部部长陆定一、中国民主同盟主席沈钧儒以及著名作家茅盾、叶圣陶、赵树理和出版家宋云彬等。中央电影局为会议开幕式拍摄了新闻纪录片。

当天,《人民日报》以《祝全国新华书店出版会议》为题发表短评说:"全国新华书店出版会议开幕,是我国人民文化战线上重大的事件之一,它标志着全国出版事业适应着新的情况开始走向全国范围的统一;过去曾经分散的独立作战的解放区人民出版事业,从此将逐渐成为中华人民共和国统一的战斗整体,成为人民出版事业坚强的领导骨干。"

10月4日,陆定一部长在大会上做政治报告。报告将结束时,他亲切地询问与会代表:"有什么要求?"华北代表团的史修德(新华书店北京分店经理)从座位上站起来说:"代表们来自各大行政区,都非常想念毛主席,渴望毛主席接见!"接着,东北代表团的徐澄波(大连新华书店副经理)站起来补充说:"我们没有别的要求,唯一的希望就是晋谒毛主席!"会场上一片掌声,表示热烈响应。陆部长没有表态,大家感到被接见的希望不大。

此后连续开了十几天的会议,中宣部副部长陈伯达、胡乔木相继到会讲话。胡愈之做《全国出版事业概况》的报告,出版委员会主任委员黄洛峰做《中宣部出版委员会工作报告》,三联书店总经理徐伯昕做《国统区革命出版工作报告》,五个大行政区新华书店总经理、三联书店副总经理以及第三野战军随军书店经理也分别做了工作报告。大会又听取了"编审、出版组报告"和"发行、企业组报告"。会议通过了由大连新华书店设计的新华书店店徽:圆形,在白地上绘有银色全国地图,上缀红星,在地图上刻有毛主席题写的"新华书店"四个红字。寓意为新华书店是中国共产党领导的发行网遍及全国的国营书店。会议明确:新华书店的招牌统一用毛主席题写的标准字体,红地黄字,与党旗、国旗的颜色相一致。

10月18日下午的大会,代表们讨论《关于统一全国新华书店的决定》（草案）及其附件《关于统一全国新华书店各部门业务的决定》（草案）。按常规，每天下午的会议都开到5时30分，当天下午的会议却提前30分钟结束。会议主持人通知，正式代表立即去食堂用晚餐，晚6时迅速集合，不许携带武器。大家很纳闷，今天晚上有什么活动呀！去参加晚会？去看电影？去听报告？

　　北京的深秋，夜幕降临得早，晚6时天色已黑。代表们分乘六辆由中型卡车改装的木棚后开门汽车，从东总布胡同10号门前出发，经东单沿长安街向西行驶。车里比较挤，人们都坐在小马扎上。不久，汽车进入新华门，但见两边都是湖水，中间一条路，汽车沿这条路转了几个弯后便戛然而止。大家下车，向前走了一小段路，进入一个小红门，上悬"丰泽园"匾额。到了院内，有一座古香古色的五开间平房，门上悬有"颐年堂"匾额，室内灯火辉煌。原来，这里是党中央所在地——中南海的一个院落。

　　代表们鱼贯而入。在颐年堂里，6个代表团按顺序排成面向东的三排横队。队伍刚刚排好，令人十分高兴的事发生了：伟大领袖毛主席在陆定一、胡愈之的陪同下步入厅堂！代表们以极其热烈的掌声来表达对伟大领袖的敬仰之情。毛主席身穿藏青色大衣，红光满面，神采奕奕，频频向大家招手示意。

　　接见开始。胡愈之站在毛主席身边，按代表名单点名。被点名的代表离开队列走到毛主席面前，再由胡愈之介绍他的所在单位和职务；接着，毛主席同这位代表亲切握手。握手完毕，再点下一个代表的名字。华中新华书店印刷部主任倪康华当时不到30岁，却留了很长的胡须。毛主席同他握手时风趣地说："你这么老啦？"逗得大家都笑了。毛主席同东北新华书店总经理李文握手时说："国民党有个将军也叫李文！"点到我的名字时，我走向前去，毛主席紧紧地握着我的手，又略微提了一下，令人感到真挚有力，他微笑着对我说："噢！青年团员？"我涨红了脸，像小孩子一样，腼腆得答不出话来。代表们又发出一阵笑声。那一年我21岁，已经是共产党员，在全体代表中年龄最小。不过，多数代表的年龄也不过20多岁或30岁出头。

毛主席同全体代表一一握手后，就同陆定一、胡愈之交谈起来。代表们陆续从颐年堂出来，在院子里（颐年堂西侧山墙附近）排成三排横队。随后，毛主席来到队列前。陆定一请毛主席讲话，毛主席摆摆手说："不讲了。"大家情不自禁地高呼："毛主席万岁！"毛主席招手说："人民万岁！同志们万岁！"陆定一说："天色不早了，又比较凉，请毛主席休息吧！"随即陪同毛主席离开。

代表们乘车从中南海出来，回到住处，已经是晚上8点多钟。大家非常兴奋，相互回忆毛主席接见时的每一个细节。在开国大典之后，百废待兴，百业待举，在两广和云贵川等地，蒋介石的残兵败将还在垂死挣扎。毛主席日理万机，仍然挤出时间接见我们，这是以毛主席为首的党中央对全国新华书店员工的亲切关怀和巨大鼓舞。这不仅是74位代表的殊荣，也是当年全国新华书店8 000名全体员工的殊荣。翌日（10月19日）《人民日报》在第一版显著位置发表了《新华书店出版会议代表晋谒毛主席》的消息。

10月19日下午，胡愈之主持此次会议的闭幕式。著名诗人臧克家等6位来宾先后致词。会议代表华北新华书店总经理史育才、三联书店协理邵公文相继发言，表示要认真贯彻会议精神，团结私营同业，为开创新中国出版发行事业作出应有贡献。

陆定一部长致长篇闭幕词，他详尽地阐述了新中国出版发行工作的方针、任务和政策。他说，这次会议奠定了全国新华书店统一的基础，只有统一才有力量。今后要大力发展新华书店的分支店，要想尽办法把有益于人民的通俗书报发行到工农兵手里。他指出："新华书店的工作人员，首先是革命家，同时又是出版工作者。革命家就是政治家，无条件为人民服务，就是我们的政治方向。绝不可脱离政治和人民，为出版而出版。"在今天，我们重温陆部长的这段话，仍有现实指导意义。

当年10月21日《人民日报》以《出版会议的收获》为题发表了社论。

根据这次会议的决定精神，全国新华书店的统一工作于1951年底完成。1950年底，在北京设总店，形成颇具规模的总发行机构，在各大行政区设总分店（1954年撤销），在各省、直辖市设分店，在各市、县设支店。人、财、物由全系统统一管理，在地方上接受当地党委宣传部领导。未统一以前，正如胡愈之所说，各地新华书店"虽然都挂上同一招牌，内部依然是若干独立王国"。统一以后，全系统增强了整体观念，分支店迅速遍及各个市县，全国图书发行量每年均以两位数增长，而且加速了资金周转，上下游环节之间再未发生拖欠货款问题。同时，也为全国统一书价和1951年的出版发行专业分工创造了条件。全国新华书店的统一，直至"文革"期间因"批判条条专政"，才被瓦解。改革开放后，新华书店的管理体制也是几上几下，总店被边缘化，笔者在此就想，如果全国新华书店系统仍能坚持统一的管理体制，则全国新华书店系统计算机联网和信息对接问题、全国系统上万个门店的连锁经营问题、以及打破地方保护、贸易壁垒等问题，都可能迎刃而解。经过订货审核和业务指导，许多重要著作的发行量会大幅度提升。

（本文原载2007年第4期《出版发行研究》）

回忆哈尔滨为平津新解放区募书活动

郑士德

1948年秋冬，我军发起为期54天的辽沈战役，全歼国民党守军，东北全境解放。东北书店总店从哈尔滨迁沈阳，哈尔滨店改为分店。紧接着我军发起淮海战役、平津战役，大大加快了解放战争在全国的胜利进程。解放区一日数城，不断扩大，举世欢呼的新中国即将诞生。为适应形势发展，哈尔滨开展了为平津新解放区募书活动。

新解放区如饥似渴需要精神食粮

为什么开展募书活动？这要从平津新华书店的开业盛况谈起。1949年2月1日，北平和平解放。东北书店随军小分队在北平军管会的领导下，迅速建立了王府井新华书店。小分队负责人卢鸣谷给东北书店总店写信汇报说："北平有十几所大学，一百四十多所中学。那些大中学校的学生们，看到我们的出版物都特别高兴，纷纷反映：过去'饿透'了，这回可要'看饱'了。他们把银元和戒指换了人民币，来买我们的各种书刊。东北版《毛泽东选集》一天卖出四五十部，可惜存书太少，我们不能大批摆出和出售。毛主席的《论联合政府》《新民主主义论》《目前形势和我们的任务》《中国革命和中国共产党》，朱德总司令的《论解放区战场》以及《中国共产党党章》《社会科学概论》……每天销售二三百册。《暴风骤雨》《无敌三勇士》《动荡的十年》《开不败的花朵》《鲁迅杂文集》《林家铺子》《丰收》《解放区短篇小说选》等文艺书每天销售一百多册。书店门市部整天挤满了各阶层读者。工人、学生、职员，还有起义军官，他们急切需要知道党的政策和政治常识这类书籍。书店备书一千多种，总是供不应求。北平几十家私营书店和五家大学书报代办处，都要求批进书刊代售。因存书少，无法满足他们需要"。

天津新华书店的图书销售情况与北平大体相同，每天有数千读者涌进书店，排队购书。平津新华书店都设有借书处和阅览室，供读者免费借阅。阅览室里读者盈门，座无虚席，有些人边读边记笔记。这两家新开业的书店热销情况说明，平津等新解放区迫切需要解放区出版的进步图书。

哈市文化单位通力协作开展募书活动

1948年4月，我调任哈尔滨分店经理不久，接到东北书店总店通知，在五六月份开展为平津等新解放区募书活动。书店是卖书的，如何把卖掉的书再从读者手中募集回来，是个新课题。我召开店务会议专题讨论了募书工作。会议作出三项决议：一是为平津等新解放区募书是一项政治任务，必须依靠市委的领导；二是请市文化单位共同协作，大张旗鼓地宣传募书；三是指定分店服务股具体组织募书活动。

我向市委书记李常青做了汇报。李书记同意我们的募书计划，并给予大力支持。

在市委的领导支持下，哈尔滨的募书活动开展得热火朝天。我们把分店卡车装饰成宣传彩车，请哈市文协美术组绘制六幅募书宣传画，安装在彩车两侧。服务股的同志坐在慢速行驶的彩车上，用扩音器宣传为新解放区募书，并散发募书传单。请哈市音乐协会派出吹奏乐队，坐在彩车上吹奏乐曲，吸引行人关注。

另请道里区民教馆（今称文化馆）派出秧歌队，跟随宣传车，在繁华街道扭起东北大秧歌。请哈市文工团相声演员表演相声、宣传募书。

高举募书横幅的宣传队伍、传统的秧歌舞姿、引人发笑的相声、色彩鲜艳的宣传画，赢得围观群众热烈掌声以及对募书活动的支持。哈尔滨医科大学的三名大学生，把自己珍藏的13本书主动送到书店，警察街的高老太太把参军女儿的15本书捐献给新解放区。许多群众现场购买新书，交书店转送平津新解放区。阿城县委书记王政委、县公安局李局长带头捐书，并在党团员大会上做报告，动员党团员踊跃捐书。

九万多册图书分送平津等新解放区

经过大张旗鼓的募书宣传，哈尔滨共募集图书二万一千多册，居沈阳、吉林、齐齐哈尔等十三个省市分店的募书首位。其他分店募书最多的不过一万多册，最少的只有数百册。哈尔滨分店因募书活动搞得好，受到东北书店总店表扬。哈市分店服务股被评为东北全区分支店的先进集体。

哈尔滨的募书成绩，应该说是哈市人民对平津等新解放区读者的亲切关怀，也是哈市文化团体共同协作所取得的可喜成绩。我们哈尔滨分店只是做了应该做的工作。

据东北书店总店统计，此次共募得图书九万余册。已将其中的五万册送给了北平各大学图书馆和北平学生联合会，还委托天津、开封、延安等地新华书店转送给了天津南开大学、天津第一民教馆、开封中原大学（今河南大学）、延安大学。还有四万多册书委托上海、南京、武汉、西安、延安的新华书店，转送给当地的公共图书馆和大学、中学。

（本文原载2017年第3期《晚霞》杂志（哈尔滨出版））

首任总经理徐伯昕重建
新华书店总店的历史功绩

郑士德

徐伯昕（1905—1984）江苏武进人，中共党员。新中国成立初期任新华书店总店总经理。在《新文化出版家徐伯昕》《怀念出版家徐伯昕》等书以及缅怀徐伯昕的文章中，主要介绍他在国统区白色恐怖统治下出版进步书刊的战斗历程，很少提及他在新华书店总店的工作业绩。岁月悠悠，斯人已逝。伯昕同志坚忍病痛，夜以继日，主持新华书店总店在京重建工作的历史功绩，应该记入店史。本文聊作补白吧！

1949年2月1日，北平和平解放。东北书店随军小分队和华北新华书店先遣组，随军入城，先后在王府井、西单建立了新华书店。不久，中共中央宣传部出版组祝志澄、华应申等人从西柏坡来到北平。原计划重建新华书店总店（1946年总店并入中宣部），因北平已经有了两处新华书店，经电请中宣部同意，先做出版工作，推迟建立总店：2月23日，中宣部出版委员会在北平成立，黄洛峰为主任委员，祝志澄、华应申、徐伯昕等人为委员。出版委员会出版"干部必读"等重要著作用解放社名义，一般图书用新华书店名义。

11月1日，中央人民政府出版总署成立。出版委员会改制为出版总署出版管理局，局长黄洛峰，副局长祝志澄、华应申。徐伯昕任总署办公厅副主任。出版委员会的业务部门成立新华书店总管理处，总经理、副总经理由总署出版管理局局长、副局长兼任。1950年7月，徐伯昕调新华书店总管理处，任代总经理，主持总管理处工作。

新华书店总管理处设出版部、厂务部、发行部三个经营单元。发行部办公地址在和平门外延寿寺街刘家大门。刘家大门共有房间124.5间，地基5.1亩，是发行部从西鹤年堂药店刘家以2 750匹五幅布市价买下的。

1950年12月1日，新华书店总管理处改制为人民出版社、新华印刷厂、新华书店总店。

新华书店总店是以新华书店总管理处发行部为基础组建的，总经理徐伯昕，副总经理王益、储安平、史育才。总店主要任务：承担中央版、北京版书刊总发行，统一领导和管理全国新华书店。总店设：办公室、计划室、人事处、财务处、总务处、华北工作组、图书发行部、期刊发行部、课本发行部，各处、室、部下设科、组。总店办公地址在刘家大门。刘家大门共四个院落（门牌号码1—4）。总经理室及各处室在1号院，图书发行部在2号院、期刊发行部在3号院，总务处在4号院。课本发行部在宣武门内糖房胡同。

徐伯昕操劳成疾，患有心脏病、颈椎病和严重的神经衰弱，长期失眠。他带病主持总店工作，殚精竭虑，业绩卓著！

第一，统一全国新华书店财务管理。1950年11月，徐伯昕以新华书店总管理处代总经理的身份主持召开全国新华书店会计工作会议。他改革了解放区新华书店实行多年的（平均主义）供给制。会议通过了贯彻经济核算制等四项决议。他在会上做的主题报告，对于全国新华书店改变统收统支，统一财务管理，推行企业化经营发挥了里程碑作用。

第二，筹建新华书店总店。早在1950年10月，徐伯昕就被任命为新华书店总店总经理，着手筹建分工专业的新华书店总店，对于选定办公地址、机构设置、中层（处级）干部配备、人员定额、新老干部团结、资金筹措、营业执照等许多细节，都做了精心安排。

1950年1月1日总店成立。为实行民主管理，伯昕同志组建了全国新华书店管理委员会，华北、东北、华东、中南、西北、西南、新疆、华南9个总分店的经理任委员。总店正副总经理任正副主任，管委会为全国新华书店最高管理组织，新华书店的重大问题都要召开全国新华书店管委会讨论决定。

总店初建，伯昕同志首先抓制度建设。在他的主持下，制定了《新华书店组织条例》《1951年总店工作计划》《图书发货办法》《进货工作要则》《批发工作要则》《人事管理制度》《总店保安条例》等。此外，伯昕同志签发了总分店、省分店必须执行的《工作报告制度》和统计报表，本着"亲兄弟、明算账"的原则，与人民出版社签定了《图书产销合同》，与邮政总局签定了《期刊互销合同》。有了制度，各项工作有条不紊地按制度进行是总店重建时期的一大特色。

为培养青年职工和解放区来的老职工，经与北京师范大学商定，创办了新华书店总店职工业余学校。共举办两期，总店约60%的职工参加了学习。

第三，组建抗美援朝战地文化服务队。1950年10月，中国人民志愿军开赴朝鲜前线，打击美国侵略军。新华书店东北总分店从大连分店抽调10人组成随军书店携带图书赴朝，在连队建立图书箱，深受志愿军指战员欢迎。1951年1月，志愿军副政委兼政治部主任甘泗淇将军回到沈阳，希望新华书店多派干部、多带图书为志愿军服务。当年，我（本文作者）任东北总分店图书发行部主任。总分店派我到北京向总店请示汇报。我立即进京，向总店总经理徐伯昕汇报了甘泗淇将军的要求。伯昕同志当即表态，完全同意。他说，随军书店最好改称战地文化服务队，由总店统一组建，志愿军需要的图书统一由总店供应免费赠送。因事关重大，需要请示出版总署，并与几位副总研究具体办法。他要我第二天下午，找分管发行业务的副总经理史育才听结果。总署、总店的工作效率很高，为避免拖延时日，某些重大问题不必书面请示，只凭口头汇报，领导同志当即批示同意或否定。第二天下午，史育才副总经理告诉我随军书店改名新华书店战地文化服务队。赴朝鲜人员由总店统一组织。总店将动员全国新华书店开展为志愿军募书活动。

不久，总店组织的战地文化服务队共52人到东北总分店集中，经短期集训，换上军装，奔赴朝鲜前线。

1951年春，总店发出通知，动员全国新华书店开展了声势浩大的为志愿军募集图书活动。截至年底，各地新华书店向各机关单位和读者共募集图书近1 000万册，加上中国人民抗美援朝总会拨出专款重印连环画册80万册，陆续运到东北总分店。经整理，分批运交朝鲜前线。新华书店战地文化服务队将祖国运来的图书冒着敌人炮火深入志愿军坑道，为最可爱的人——志愿军战士送上精神食粮。在坑道里，战士们唯一的文化活动就是阅读图书。战士们最喜欢连环画册（俗称小人书）。有些连队指导员用董存瑞、邱少云等战斗英雄故事的画册进行战前动员，鼓舞士气。战地文化服务队以志愿军连队为单位（伙食单位）共建立图书箱 7 600 个。1953 年 8 月，战地文化服务队随志愿军胜利回国。8 月 14 日，志愿军政治部给新华书店总店发来感谢信，列举许多事例充分肯定了战地文化服务队的工作。9 月 13 日《光明日报》发表了新华书店战地文化服务队热情为志愿军服务的署名文章。

第四，动员全店职工捐献"新华书店职工号"飞机和高射炮。1952 年 2 月，在伯昕同志主持下，总店发出通知，动员总店和各地新华书店职工积极投入抗美援朝、保家卫国运动，利用业余时间进行义务劳动，义务劳动所得收入统一汇交总店。实际收入 22.8 亿元（旧币）。结果，捐献飞机一架，伯昕总经理命名为"新华书店职工号"，余款又捐献高射炮一门。

1951 年秋，徐伯昕总经理因病去大连治疗休养。他病假期间，王益任代总经理主持总店工作。1953 年初，出版总署成立发行管理局，徐伯昕任局长兼总店总经理。总店精减机构，发行业务移交重新成立的新华书店华北总分店。总店办公地址迁至出版总署。发行管理局和总店实为一个机构、两块牌子。1954 年，各总分店撤销，部分干部调总店工作。总店办公地址迁前门外廊房头条 10 号。这里原是天宝金店，有 135 个自然房间，总店用 6 500 匹五幅布市价购得。刘家大门成为总店干部的家属宿舍。

1954 年 11 月，出版总署建制撤销。翌年，徐伯昕调任全国政协副秘书长。他是中国民主促进会（简称民进）创建人之一。民进会员主要为出版界教育界人士。1979 年，伯昕同志任民进中央常务副主席，主持民进中央工作。1984 年 3 月，总店正在编辑《书店工作史料》。我见到伯昕同志，请他撰写创建生活书店和总店的回忆录。他很诚恳地答应"月底交卷"。伯昕同志于 3 月 27 日在北京医院病逝。十分遗憾，回忆录没有写成。我和时任总总经理的汪轶千向伯昕同志遗体告别,以沉痛心情表示我们的深切哀悼。全国政协副主席赵朴初作《伯昕同志挽诗》:"其执事也敬,其与人也忠,力行至老死,志业信无穷……"

(本文原载 2015 年第 3 期《新华书店总店通讯》)

全国农村发行网的奠基者
——追忆王益同志的一项历史功绩

郑士德

著名出版家，新华书店系统的老领导王益同志于 2009 年 2 月 25 日仙逝。众多的出版发行界人士参加了他的遗体告别仪式。排得长长的吊唁队伍，充分说明了这位 92 岁老人德高望重，深受人们的敬重。

王益同志毕生从事革命的出版发行事业，从 1946 年起，先后任山东新华书店、华东新华书店经理，为建立华东五省一市新华书店作出了开创性贡献。1951 年 1 月，延安时代的新华书店总店在北京重新建立。根据政务院的决定，总店统一领导和管理全国新华书店。王益从上海调京，任总店副总经理、代总经理。1954—1958 年任总经理，同时任文化部出版事业管理局副局长。1959 年任文化部出版局局长，不再兼总店职务，副局长史育才任总店总经理。这一年，总店已迁入文化部大楼，承担对全国新华书店的业务指导职能和出版局图书发行管理处的职能，实际上仍在王益的直接领导下工作。1978 年，王益任国家出版局党组成员、副局长，分管发行事业和印刷事业，直至离休。

上述经历表明，王益数 10 年的工作同新华书店结下了不解之缘，为全国新华书店的制度建设、业务建设以及 20 世纪 80 年代的发行改革贡献多多。如果一一道来，恐怕要写成一本书。在这里，我只追忆他的一项历史功绩，那就是1956年在王益的创意和主持下，全国新华书店依靠供销社迅速建立起农村图书发行网。应该说，这在中国出版史和文化史上是空前的创举。

新中国成立初期，新华书店十分重视农村图书发行工作，然而最大的困难就是缺乏农村发行网点。王益在一次会议上说："为了解决这个问题，（我们）探索了7年，经验教训是十分丰富和深刻的。解放初期，我们提出流动供应；以后（1951年）由于流动供应不解决问题，强调运用社会力量……却发生了强迫摊派等错误，觉得还是流动供应最可靠，又回过头来强调流动供应。实际情况证明，书店用了九牛二虎之力进行流动供应，还是不能解决书籍下乡问题。"（1956年出版的《图书发行》报第八十九期）1955年秋，在农业合作化高潮影响下，农村的扫除文盲运动如火如荼地开展起来，如何更有效地加强农村发行力量，是王益反复思考的问题。鉴于江苏如皋、热河凌源、山西晋城、河北三河等不少支店委托供销社卖书收到了良好效果，王益亲自出面，与中华全国供销合作总社供应局达成协议，决定在全国农村的基层供销社增设图书发行业务。他亲笔起草了文化部与全国供销合作总社《关于加强农村图书发行工作的联合指示》（以下简称《联合指示》），并在总店业务处成立农村发行科，具体负责这项工作。当年，我是业务处副处级秘书，兼任农村发行科长。

1955年1月初，为了研究供销社售书问题，我随同王益总经理到河北三河县支店进行了调查。他的克勤克俭、求真务实的工作作风，令我深受教育。三河县城距京约200华里，总店行政处请他乘总店的小汽车前往，他坚持艰苦朴素作风，拒不乘坐，我随他乘拥挤的长途汽车先到三河县燕郊（小集镇，汽车终点站），再转乘"二等车"（运客的自行车，乘客坐在后座上），行驶数十里，沿着坑凹不平的土路到达三河县城。三河支店经理请他到条件较好的县委招待所食宿，他婉言谢绝。我们二人住进支店后院的一间草房，窗户是用纸糊的，没有玻璃。我们同支店同志同吃同住，开了两天座谈会，重点了解农村发行情况，并统计分析了有关数据。三河县是个纯农业区，共有29万人口。在该店1955年的图书销售总额中，课本占47%，一般图书占53%。城区销售、一般图书销售高于课本销售，一个重要原因就是农村发行力量（依靠基层供销社售书）组织得好。

在三河支店经理陪同下，我们骑自行车下乡，走访了几个农业生产合作社，访问了该县农村第四区供销社。这家供销社经营图书有方，成效显著，使我们深受启发。

王益回到总店后，根据此次调查收获，对《联合指示》及其附件《关于供销合作社担负农村图书发行工作实施办法》，略作修改补充，上报文化部和全国供销合作总社，于1955年1月30日正式发布。

为了贯彻落实《联合指示》，大力建设农村发行网点、在王益主持下，总店采取了一系列措施：

1. 1955年2月9日召开第二次分店经理会议。中心议题就是积极扩大农村发行网。会议决定，全店在1955年应把农村发行工作放在第一位。结果，1955年的农村图书发行总量比上年增长一倍多。

2. 利用总店店刊《图书发行》加强对建立农村发行网的指导。王益把我起草的去三河支店的调查报告，改写成文章，以《在三河县看到的》为标题发表在《图书发行》报上。这份报纸每周一期，普发全国新华书店。当时正在开分店经理会议，因此报纸也发给了与会代表参考。当年6月，供销社售书点已建立2万余处，王益针对出现的问题，亲自撰写了《供销社卖书怎样才能得到巩固》一文，用上行的笔名在《图书发行》头版发表。他强调要巩固供销社售书点，新华书店必须做好辅导工作，保证供销社经营图书不亏本、不积压，并对如何达到这一要求做了有说服力的论述。

3. 召开农村发行工作会议，侧重讨论如何巩固农村发行网问题。会议是在1956年8月召开的，有几位省分店经理对委托供销社卖书产生怀疑，主张下伸门市部，从而在会上引发了激烈争论。王益对这几位经理做了耐心细致的说服工作，并在大会上做了长篇发言，总结了依靠供销社建立农村发行网点的情况、经验和问题，指出供销社卖书的八大优越性，除极少数特大集镇外，书店自己下伸门市部是自乱步骤。他的发言，后来整理成文章发表在《图书发行》报上，对指导农村发行网点建设发挥了重要作用。

4. 总店不断派人到各地调查研究农村发行网的巩固情况。着重推广先进典型；发现倾向性问题，报请文化部、全国供销合作总社联合发出文件，加以解决。

全国农村供销社的图书业务在曲折起伏的发展过程中越来越走入正轨。20世纪80年代有4万处以上的基层供销社较为稳定地经营图书。1981年3月，作为国家出版局副局长的王益在"全国农村读物出版工作会议"上讲话，全面地总结了从1956年以来全国新华书店依靠供销社建立农村发行网取得的可喜成绩和基本经验。此后，直至2000年，他仍不断地撰写文章，论述农村发行网点的创新和巩固、发展等问题。从20世纪90年代起，由于供销社改制等多种原因，供销社售书点日益萎缩，每年以2 000个的速度减少。进入耄耋之年的王益老人对此十分关心。1995年底，他到海南岛参观访问，发现琼海新华书店以改革创新精神在农村组织的10个供销社售书点，经营兴旺，双效俱佳，特意写成文章，在《中国图书商报》发表。同年11月，他在中宣部召开的座谈会上，强烈呼吁"当务之急是恢复供销社售书点"，并且提出了具体举措，建议"出版行政机关加强指导和监督"。

斯人已逝，风范永存。王益同志是全国农村图书发行网的奠基者。他的不倦追求、不倦奉献精神永远值得我们新华人敬仰、学习、继承。

（本文原载2009年4月8日《新华书目报》）

全国新华书店第一次改革
——1979 年试行利润留成

郑士德

1979 年，在国家出版局和财政部的领导支持下，从 7 月 1 日起，全国新华书店为突破计划经济管理体制的束缚进行了第一次改革，试行全行业利润留成。当年，财政部文教司司长说："在国有企业的各行各业中，只有新华书店试行全行业利润留成，希望总店抓紧抓好。"截至 1983 年 12 月，四年半的试行结果证明，这项改革卓有成效，极大地促进了国有图书发行事业的发展，仅书店门市部就增建了 3 100 处。

一、新华发行网点"少、小、危"

新华书店试行全行业利润留成是对我国实行多年的计划经济管理体制的初步改革。新中国成立前，我国一穷二白，现代工业十分落后，新中国成立初期，实行传统的计划经济，对于集中全国的人力、财力、物力推进重工业建设，发挥了重要作用。但是，随着时间的推移，在高度集中的计划经济管理体制下，国家对国有企业统得过多，管得过死，国有企业的全部利润统统上交国家财政，基本建设等投资，需要层层报批，由国家财政拨款，这就限制了国有企业的自主精神和活力，阻碍了生产力发展。

改革开放以前，在计划经济管理体制的束缚下，作为文化企业的新华书店，除政治原因报废图书得到国家财政的适当补贴外，很少获得国家财政拨付的基建等基金。"文革"前，中宣部部长陆定一在一次文化部召开的干部会议上说，"文化单位是经济建设的龙尾巴"，意思是说，文化单位应该节省每一个铜板用于国家经济建设，不要期望国家对文化单位有更多投资。笔者参加了这次会议，印象深刻。当年，新华书店归文化部领导管理，文化战线长，文化系统的重点在电影和艺术。国家每年拨付的文化经费有限，申请基建费用，新华书店系统总是排不上队，可以说是"龙尾巴的尾巴"。新中国成立以来，绝大多数新华书店都是接收的敌产，多年来没有基金维修，许多书店门市部已成危房。三年困难时期，国家为减少城市人口，新华书店的小门市部（多为私营书店合并过来的小书店）奉命被砍掉1 000余处。"文革"时期（1966年5月—1976年9月），发行网点又有减少。"文革"前刚刚上收到省店的市县新华书店的人事管理权和财务管理权（以下简称财权），"文革"时期被批判为"条条专政"，再次"奉命"下放。结果，统一的规章制度被破坏，铺张浪费严重，许多县书店连年亏损。"文革"结束后，中宣部出版局负责人牛玉华曾对新华书店系统的发行网点（门市部）作过调查，结论是网点少、规模小、危房多，即"少、小、危"。

二、借鉴湖南的经验

1977年1月，新华书店总店总经理王璟带领我（笔者时任总店研究室副主任）和谢洪炎（总店业务处干部）到湖南等省店和县书店调研，主题是研究"文革"后新华书店的整顿问题。第一站先到湖南省新华书店。省店经理田裕昆向我们介绍说，从1972年起，经湖南省财政厅批准，全省市县书店的财权重新上交省店。在这个基础上，全省新华书店实行利润留成40%，主要用于生产发展基金，用于新建、扩建基层新华书店的门市部，效果很好。

王璟对湖南的利润留成非常重视，认为这是解决新华发行网点"少、小、危"的重要经验。他认为，解决书店的基建基金，不能光向国家财政伸手——等、靠、要，应该调动书店员工的积极性，扩大销售，增加利润，争取留成。

我们三人到湖南醴陵、攸县两个县店调查，更加认识到县书店实行利润留成的显著成效。醴陵县店利用积累多年的利润留成，扩建了门市部，新建了三层小楼，一层办公，二、三层作为职工宿舍，改善了读者购书环境和职工福利。攸县书店也用利润留成维修了门市部和库房，发展了农村发行网点，并用"奖励工资"调动了农村发行员的积极性，农村图书销售大幅度增长，农村发行效果显著，被评为全省先进书店。

此次调研结束，1977年2月，王璟向国家出版局领导汇报了调研情况，主要内容是整顿基层书店的举措，同时汇报了湖南的经验，建议将财权重新上收到省店，实行利润留成。局领导基本同意王璟总经理的汇报，同意召开全国图书发行工作座谈会来部署整顿问题。关于上收财权，同意列入座谈会议程，先听听各省的意见；关于利润留成，让总店与国家出版局计划财务部商量具体办法，并征求财政部意见。

三、两种不同意见，利润留成久拖不决

1977年2月，王璟总经理派总店计财处处长刘青轩同国家出

版局计财部负责人赵晓恩商量。赵晓恩是老出版人，他从编、印、发整体考虑，主张出版社（当年许多社亏损）、新华印刷厂、新华书店都实行利润留成，否则，都不实行，以求平衡。他让刘青轩代表国家出版局与财政部文教司联系。因工作关系，刘青轩与财政部文教司的同志较为熟悉。经多次联系，财政部文教司只同意新华书店一个系统（即全行业，当年还没有私营书店）试行利润留成。前提条件是必须把市县新华书店的财权上收到省新华书店，实行统一管理。对于经济条件差的市县新华书店，由省店用利润留成以盈补亏，地方财政不再补贴。文教司不同意出版社、印刷厂实行利润留成。理由是社、厂分属不同系统的上级领导机关，无法以盈补亏。由于财政部文教司与国家出版局计财部的主张不一致，加之市县书店财权上收到省店需要一个过程，这件事被拖了两年多——党的十一届三中全会后才得以解决。

  1977年10月，国家出版局在武汉召开全国图书发行工作座谈会，各省（区、市）文化（出版）局和省（区、市）新华书店的负责人到会。与会同志对整顿基层新华书店的措施达成一致，还总结了新华书店管理体制几上几下的经验教训，一致同意把市县新华书店的财权重新移交给省（区、市）新华书店管理。经过一年多的整顿，到1978年10月，财权上收工作基本完成。

四、新华书店全行业试行利润留成

  1978年12月，党的十一届三中全会发出了以经济建设为中心，坚持四项基本原则和改革开放的动员令。国家出版局与财政部对于只在新华书店一个系统试行利润留成达成一致。1979年9月，财政部、国家出版局向各省（区、市）财政局、文化（出版）局、新华书店总店联合发出《关于各地新华书店试行利润留

附　录　**251**

成的通知》。《通知》规定:"从1979年7月份起,各地新华书店在财务管理体制集中到省级店的基础上,试行利润留成50%。"财政部原定利润留成40%,这50%是总店反复争取的结果。

《通知》附发了《新华书店系统利润留成试行办法》,对于为什么要在新华系统全行业试行利润留成和以盈补亏做了精辟说明和具体规定。

《试行办法》指出:"新华书店的图书销售价格在全国是统一的,没有地区差价(本文注:新中国成立前,上海出版物,发到北京,售价增加10%;发到云南,售价增加100%。不论大小城市、山区、边远地区和少数民族地区,新华书店零售店销售毛利相同,而销售成本(发行费用)却有较大差距,因而有些县(市)书店利润过多,部分县(市)书店常年亏损,这是不合理的。如果县(市)书店的财务由省(区、市)书店统一管理,就可以综合平衡,统一规划,以盈补亏,有利于图书发行事业的发展。"

《试行办法》规定:"集中京、津、沪三个直辖市新华书店利润的10%(本文注:1982年改为7%),集中新华书店北京发行所、新华书店储运公司(本文注:这两个企业均为总店直属单位)、新华书店上海发行所的利润25%,汇交总店,作为对西藏、新疆、内蒙古、青海、云南、宁夏六个经济条件差、少数民族(省、区)的新华书店补助基金。"《试行办法》指出:"各地新华书店可提取利润留成50%,按照不同用途建立生产发展基金、集体福利基金和职工奖励基金。"并对三项基金的提取办法和使用范围做了规定。这个《试行办法》是由总店计财处专家陶德拟稿,经国家出版局、财政部批准附发的。

五、第一次改革，绩效十分显著

在改革开放初期，新华书店全行业试行利润留成，仅仅四年多时间（1979年7月—1983年12月），可以说是全国新华书店第一次改革，取得了十分显著的成效：

1. 增强了企业活力。全国新华书店图书销售额连续多年以两位数增长，许多亏损的县书店扭亏为盈。

2. 新增建门市部3 100处。全国新华书店固定资产从1.6亿元猛增到4亿余元。其中的生产发展基金主要用于修缮或扩建、新建县书店的门市部、库房。四年间全国新华书店新增建筑面积126.7万平方米。当年房地产建筑成本较低，以北京城区为例，总店新建职工宿舍楼每平方米建筑面积成本仅1 300元左右。到1985年，全国新华书店利用利润留成新增发行网点（门市部）3 100余处，较1978年底增加60%，总数达到8 200处。新建的门市部多为宽敞明亮的二三层楼房，增加了新书品种，开架售书，方便了读者选购。

3. 边疆、少数民族地区的书店面貌大为改观。根据《试行办法》的规定，四年半时间总店共集中补助基金3 600余万元，已全部补助给西藏、新疆、云南、内蒙古、青海、宁夏六个省、自治区新华书店。这笔补助基金主要用于基层书店的建设，有效地支援了这些地区的发行事业。例如，内蒙古自治区新华书店共收到补助款721万元，除用于自治区书店办公用房建设外，拨给了翁牛特旗、乌海市、海拉尔、满洲里等11个旗（市）书店，共计新建门市部1.1万平方米。此外，总店还用自己所属企业（北京发行所和储运公司）的盈利，对遭受地震、水灾等自然灾害严重的市县新华书店和黑龙江省店新建大楼分别进行了一次性

附录

补助。

六、补助基金停办

　　1982年6月,国家出版局并入文化部,改制为文化部出版事业管理局,简称文化部出版局。总店由文化部领导,由文化部出版局归口管理,对外称国家出版局。

　　1984年国家出版局计划财务处对边疆少数民族地区(6个省区新华书店)的补助停办。

(本文原载2015年第2期《出版史料》)

化解古文字学术著作出版难题
——记总店退休干部梁天俊的佣书业绩

郑士德

新华书店总店退休老干部梁天俊被我国出版界誉为当代佣书家。今年已经93岁的梁天俊老先生三十年如一日，默默无闻，埋首佣书，为化解古文字学术著作出版难题，做出了不可磨灭的贡献。

佣书是一个古老的出版专用词，在《辞海》《现代汉语词典》等权威工具书中，都查不到这个词，有必要先将历史上的知名佣书人作个简要介绍。

在印刷术发明之前，图书是靠人工抄写复制而流传的。受雇为人抄写书籍称佣书。战国时期的纵横家张仪、苏秦就曾"佣力写书"。[1]汉武帝"建藏书之策，置写书之官，下及诸子传说，皆充秘府"。[2]写书之官，就是受雇于朝廷的佣书人。东汉名将班超年轻时"家贫，常为官佣书以供养"。[3]三国时期的吴国丞相阚泽"家世农夫，至泽好学，居贫无资，常为人佣书，以供纸笔，所写既毕，诵读亦遍。追师论讲，究览群籍，兼通历数，由是显名"。[4]魏晋南北朝时期的朱异、王僧孺、范汪、崔亮、蒋少游、崔光、刘芳、房景伯等贫苦读书人，都曾受雇为人抄写书籍，在抄书过程中积累了丰富知识，从此佣书成才，官居要职，名列青史[5]隋唐时期的敦煌有由经生（抄书人）、校书人、典经师组成的佣书业；[6]古代敦煌藏经洞收藏的大量写本经卷，就是当年佣书人抄写复制的。唐代著名佣书家吴彩鸾（女），"精于小字楷书"。[7]她抄写的《切韵》，迄今仍珍藏于北京故宫博物院。宋代以降，印刷术成为复制图书的主要模式，佣书活动大大减少，清末民初已不多见；新中国成立以来，所有新出版的纸质图书都是用铅印、胶印等现代技术印刷的，佣书一词已鲜为人知。

我国改革开放，极大地促进了学术研究，考古及古文字等方面的学术争鸣和研讨活动空前活跃。但是，出版此类科研成果的著作却遇到了难题——印刷厂没有甲骨文、金文等古文字铜模，无法铸造古文字铅字，一些带有古文字的学术著作，长期无法发排。为化解这个难题，梁天俊老先生以当代佣书家的姿态脱颖而出。

梁天俊（1922—）男，祖籍福建莆田，北京生人。大学本科毕业。中国民主同盟盟员。中共党员。高级职称为副研究馆员。他在工作中有一种老黄牛精神——"老牛明知夕阳晚，不用扬鞭自奋蹄"。1982年总店归文化部领导，梁老被文化部授予先进工作者称号；从1951年考入新华书店总店，先后在总店计划财务处、研究室、编刊室工作。1980年代任编刊室出版资料科科长，主要负责图书资料的整理、研究和图书发行教材、图书发行丛书等出版工作。

他在父亲的严格教导下，从6岁起就学习书法。小学、中学时代以柳体字为楷模，每天必须认真写3页楷体字，交父亲点评。如果写得不好，要重新写多遍。1942年考入北京辅仁大学国文系，1946年毕业。他在辅大读书时，毛笔书法小有名气，深受他的业师陆宗达教授的栽培和赞许。

梁老缮写的第一部学术著作是北师大陆宗达、王宁两位教授合著的《训诂方法论》，交中国社会科学出版社出版。这部著作的内容夹带不少古篆字，印刷厂没有这方面的铅字，拖了一年多无法发排付印。该书责任编辑与陆宗达教授商定，请梁老用硬笔缮写书稿，然后照相影印出版。梁老欣然接受了这项佣书工程。

缮写古文字书稿直接影印出版，不是一般知识分子能够胜任的。至少必备两个条件：一要熟悉古文字知识。梁老在辅仁大学研读过甲骨文、金文及《说文解字》，拥有丰富的古文字知识，这条完全可以胜任。二要硬笔楷书过硬，字体规范，字形统一，不能错漏一个字，也不能错写一个笔画，数十万字的书稿要一丝不苟，一气呵成。梁老对这一条没有把握，决定先用一段时间练习硬笔楷书。

爱因斯坦说过："人的差异在业余。"意思是说，一个人如果充分利用业余时间刻苦学习，完全能够成为某一领域的专门人才。梁老在1982年接受《训诂方法论》的佣书工程时，尚未退休，下班后，几乎每天晚上都在昏暗的灯光下，孜孜不倦地钻研硬笔书法，直至夜深。功夫不负有心人，经过半年多的反复练习，梁老成为过得硬的硬笔楷书人才，又利用业余时间把这部书稿缮写完成。字体美观规范，不亚于用铅字印出的图书：这是一项创举，有些出版社纷纷效仿，梁老被誉为杰出的当代佣书家。

梁老于1988年初退休，从此他有了充裕的时间，先后应中华书局、商务、社科、文物、燕山、科学、紫禁城、东北师大等出版社之邀，陆续缮写了《金文鉴赏》《昚鼎铭文研究》《英国所藏甲骨文集》《郭沫若全集·考古编》《篆真字典》等20部古文字学术著作，直接照相影印出版。他在缮写过程中，对书稿的版面安排、插图位置设定、字体选择以及最后的校勘工作，统统包揽下来。其责任心、耐心和付出的心血，令人起敬。他精心缮写的《商代周祭制度》，远销东洋，日本汉学专家对这部书的内容价值和书法价值，赞叹不已。

梁老缮写的诸多书稿中，最棘手、最费力、最耗时间和精力的是《章太炎说文解字授课笔记》（中华书局版），这部上百万字的大部头精装著作是民主革命家、国学大师章太炎（1869—1936）于1908年在日本讲授《说文解字》的课堂实录，根据他的学生钱玄同、朱希祖、周树人（鲁迅）所作的听课笔记整理而成。百年前的听课笔记，字迹潦草，又无标点，有的字迹褪墨难认，加之这三人听课笔记，在行文详略、毛笔字草书等方面各不相同。交到梁老手中的一大堆校条，杂乱重叠，必须细致地逐条清理，纠正错漏，然后才能按照原稿缮写。梁老最头痛的是，有些已经缮写完毕的篇幅又要修改补充，必须作废重写，这需要多么大的毅力和敬业精神啊！

缮写古文字书稿是一项十分清苦的劳动。国家出版行政部门和财务部门对当代佣书报酬没有明文规定。出版社对如何支付佣书酬金无章可循，只好参照"清稿"劳务费标准，每千字仅付酬1—1.5元。其实，清稿只要将编改过的原稿抄清，便于工人拣字、排版就可以了。这与规范地缮写古文字书稿直接影印出版有天渊之别。梁老的硬笔书法作品多次参展，均获得高额酬金，而缮写书稿，酬金却少得可怜。亲朋好友都劝他"别干了"，他却说："钱多钱少无所谓。专家学者付出极大心血撰成的古文字书稿无法出版，令人心痛。我最大的心愿就是尽微薄之力突破排字难关，让这些著作面世。"这种无私奉献精神，深深感动作者、编者。北师大王宁教授曾专程拜访梁老，表示感谢。中华书局编审刘宗汉对梁老缮写的《张颔学术文集》《英国所藏甲骨集》等多部书稿，十分满意，特赋诗相赠："铁划银钩素擅长，精良版印墨生香。前贤谁与争风韵，八闽林佶写渔洋。"

梁老的硬笔书法，挺拔、俊秀，曾被选为北京硬笔书法学会的代表作品，参加在日本举办的"第10次中日书法展"。在国内举办的硬笔书法大赛，他的作品多次获得金奖或一等奖。北京电视台曾登门专访，两次专题播出他的佣书工程纪录片。

最近几年，有些出版社逐步建立了古文字电子版字库，梁老缮写的古文字书稿有所减少。但他拥有扎实的国学功底，仍继续为出版社审读、校勘书稿。

步入耄耋之年的梁老，眼不花，手不颤，精力充沛，校勘、缮写书稿业绩卓著，这主要归功于他的奉献精神，也得益于健壮的身体素质。他的长跑锻炼已坚持40多年，每天清晨从东堂子胡同总店宿舍出发，沿街长跑1万多米。每年元旦长跑登长城活动他都参加，他说："登长城，是英雄。人虽老，乐融融。奔小康，朝大同。看祖国，大繁荣。"由于身体健康，每天粗茶淡饭，吃得香，睡得足，心情舒畅，始终以佣书为乐，以"老有所为"为乐，堪称总店退休干部的楷模。

注释

[1]宋代《太平御览·王子年拾遗记》

[2]《汉书·艺文志》

[3]《后汉书·班超传》

[4]《三国志·吴书·阚泽传》

[5][6][7]郑士德.中国图书发行史[M].北京：中国时代经济出版社，2009：98—101, 133, 130—131.

《出版发行研究》编者按：2017年是新华书店成立80周年的日子，河南大学教授宋应离先生特赐稿本刊，通过对图书发行家郑士德先生生平事迹的回顾，总结他为我国图书发行事业所做的突出贡献，为新一代图书发行工作者留下宝贵的精神财富，并以此纪念新华书店80华诞。

五十春秋铸华章　离而不休续新篇
——记图书发行家郑士德

宋应离

八秩霜鬓迟，孜孜求新知。
余生忙播种，指日绿满枝。

——郑士德八十自励诗

由中国共产党领导和创办的新华书店于1937年4月在革命圣地延安成立。她历经抗日烽火、解放战争的硝烟直至新中国成立发展壮大至今，已走过了近80年的光辉历程。在这段漫长的岁月里，新华书店的广大职工，以宣传马列主义、毛泽东思想、中国特色社会主义理论体系，向广大人民群众传播科学文化知识为己任，为新中国的创建、为社会主义精神文明建设作出了巨大贡献。

"这些默默的播种能手——新华书店的兄弟们，几十年来，在人民的这块沃土里，奉献着自己神圣的青春。用生命去播种，用生命的乳汁催发了知识之花"。[1]现已年逾88岁仍默默无闻为图书发行事业不停息工作的新华书店总店原副总经理郑士德是其中的典型代表。郑士德从事图书发行工作50多年，具有丰富的发行工作经验，他重视发行理论研究，先后撰写、主编三十多部专著和培训教材，发表研究论文近百篇，为培养发行人才作出重大贡献；他积极倡导建立图书发行学；他的专著高教版《图书发行学概论》《中国图书发行史》和人民版《图书发行学案例教程》在业界具有开创性和前导牲，可称为传世之作。

图书发行伴一生

郑士德自参加工作之始，就初心不改，对出版事业有一种虔诚的信仰，把发行工作作为终生的事业倾心尽力。

1949年10月3日，全国新华书店出版会议在北京召开。来自全国各大行政区的70多位代表共聚一堂欢庆会师。作为东北新华书店的10位代表之一，最年轻的代表郑士德荣幸地出席了这次大会。会议期间，毛主席接见了全体代表。他清楚地记得，毛主席紧紧握着他的手亲切地笑着说："噢！青年团员！"（当年，他已经是共产党员）这一盛况使他终生难忘。毛主席为这次会议的题词"认真作好出版工作"使他铭刻在心；陆定一部长在会议闭幕词中说：新华书店的工作人员，首先是革命家，同时又是出版工作者。这些话语成为他终生工作前进不竭的动力。

此后不久，1950年11月，中共中央西南局第一书记邓小平为新华书店西南分支店会议题词："加强政治文化粮食的出版发行工作，消灭落后和愚昧状态，乃是我们长期而严重的政治任务。"这段至理名言，成为他做好发行工作的强大动力和精神支撑。多少年后，他在一篇文章中谈到学习邓小平这一题词的感受时说:"小平同志把出版物称作政治文化食粮,科学地指出出版物具有宣传教育和普及科学文化知识的作用。它同粮食一样,人人必需,一日不可或缺。没有粮食,人们难以果腹,无法生存与健康成长;没有政治文化食粮——出版物,人们的政治觉悟难以提高,科学文化知识难以传播,无法摆脱落后与愚昧状态,无论国家还是个人,落后和愚昧就要挨打,就要受侵略、受欺压、受愚弄,无法富民强国。"[2]这就从理论的高度提升了他对图书发行工作的认识。

实践出真知,辛勤结硕果。郑士德参加图书发行工作的起点是扎根在基层。1946年只有17岁的他担任东北书店牡丹江分店经理,初期仅开办一个两间平房的小店,连他本人只有4个职工,生活环境和工作条件极差。但他和大家一起迎难而上,艰苦创业。在很短时间内,书店业务发展了,办成两层楼四开间的中型书店,自己出版20多种图书。为了扩大书刊销售,他跑遍了当时的牡丹江省,在各县党政领导机关的支持下,相继建立了14个县支店,还在16个大集镇邮电局建立了书刊代销处。1948年牡丹江省建制撤销,他调到佳木斯任合江分店经理。解放后的农民经过土地改革,粮食获得大丰收,但手头缺少现金。郑士德组织合江省各县支店下乡,发行冬学课本、年画和春节文娱材料,农民可以用粮食换取书画,一碗玉米换一本书。汤原县支店经理下乡,组织农村青少年"买一本,看百本",实际上就是在农村建立小型图书室。郑士德思想敏捷,善于总结好的经验,将基层书店的这一经验很快在全省各县书店推广,书画下乡搞得很活跃,受到合江省委宣传部表扬。省委宣传部长李长青批示《合江日报》,于1949年2月28日用整版篇幅发表了郑士德的《东北书店合江分支店书画下乡后业务兴隆》5篇文章。[3]后又批示该报用整版篇幅发表了《合江分店1948年工作总结》。

1949年4月，郑士德调任东北书店（当年7月改称新华书店）哈尔滨分店经理，他集中精力抓门市工作和农村发行，在总结经验的基础上写出了《门市工作研究》《农村发行二十条》等文章。由于工作富于创新，业绩突出，1950年初被评为东北全区新华书店的一等工作模范。

1950年12月，我国出版事业实行出版、印刷、发行专业分工，郑士德调沈阳任专营书刊发行业务的新华书店东北总分店图书发行部主任。在此期间，他在总分店经理周保昌的支持下，实行了两项改革：

一是垂直发运。未分工专业前，新书发运由东北书店总店先发给各省分店，再由省分店发给本省（市）县支店。这不仅增加了流转环节和发运费用，人为拖长了新书同各县读者见面时间。东北交通条件较好，实行垂直发运就是新书发运不再经过省分店，由总分店图书发行部供应科直接发运到各市县支店。

二是目录征订。在未分工专业前，出版新书一律由东北书店总店出版部或总经理决定印数，发行部除酌留储备外，均主动发给各省分店。实行分工专业以后，原来的东北新华书店（总店），以编辑部、出版部为基础成立了东北人民出版社，以发行部为基础成立了新华书店东北总分店。印数由出版社决定，订数则由总分店决定。过去，向分店主动分配新书，盲目性较大，各分店意见颇多，郑士德从哈尔滨分店调到总分店后，他从苏联书店的"布拉克"（目录征订）受到启发，决定向东北全区200多个分支店实行目录征订，按分支店的新书订数垂直发货。这样，有效地解决了分支店的脱销、积压问题，加快了图书周转。

发行工作的重要任务，是最大限度地满足读者需要，及时把图书送到读者手中。1951年初,中国人民志愿军副政委兼政治部主任甘泗琪将军回到沈阳,希望东北总店派人到朝鲜战地,供应适合战士阅读的图书。东北总分店派郑士德专程赴京,向新华书店总店请示汇报,建议由全国新华书店组成战地文化服务队,奔赴朝鲜前线,向志愿军广大战士无偿供应书刊。总经理徐伯昕经请示出版总署,表示同意这个建议,并组织全国新华书店为志愿军募集书刊。不久,由总店派来的54人(含东北总分店12人),组成战地文化服务队,经短期集训,携带大批图书奔赴朝鲜前线。他们在中国志愿军政治部领导下,用全国新华书店募集来的大批图书冒着枪林弹雨为志愿军创办7000多个连队图书箱,供志愿军战士在战斗空隙时间阅读。

郑士德主要负责战地文化服务队的工作,并在图书发行部新建了部队发行科,具体负责与东北军区、志愿军后勤部、战地文化服务队的联系,并向朝鲜战地运送图书。郑士德组织人力对全国书店募集来的大批图书进行审读。他规定凡是不适合战士们阅读的图书,一律不运送到朝鲜战地。各个连队组织战士阅读这些图书,向战士进行爱国主义和国际主义及英雄主义教育。1953年8月,中国人民志愿军政治部在写给新华书店总店的感谢信中,对新华书店占地文化服务队的工作给予了高度赞扬。

1954年9月,郑士德调北京,任新华书店总店业务处副处级秘书,兼农村科科长,主要任务是以总店名义推动全国新华书店建立农村发行网——发展基层供销社售书点,扩大发行农村读物。1958年任总店编刊室副主任,主持《图书发行》报的编辑工作。他经常到各支店采访,总结推广图书发行经验,"文革"时期停刊。1979年《图书发行》报复刊,改为公开发行,郑士德任兼总编辑。

理论研究促发行

受历史上轻商、贱商观念的影响，一些人认为图书发行只是搬搬捆捆的简单体力劳动，什么人都可以干，社会地位低下，被人漠视；在出版界普遍存在"重出版、轻发行"的偏见。其实，图书发行工作有丰富的理论内涵和深刻的学问。

作为长期从事发行工作的郑士德，时刻进行图书发行理论研究和促成发行学的建立。几十年来，特别是改革开放以来，他发表了一系列发行理论研究论著。20世纪90年代初，他写的《关于图书商品流通规律的探讨》就是其中的一篇代表作。作者运用马克思《资本论》中有关商品流通、货币交换的原理，阐明了图书作为商品经营的一般规律以及图书的供求规律、进销规律、促销规律。作者首先肯定图书是物化的精神产品，又是商品。图书作为精神产品，图书发行工作具有文化宣传属性；作为商品，图书发行工作具有商业属性，二者的对立统一、精神产品传播规律与商品流通规律的统一，构成图书发行的科学内容；作为商品的图书，是遵循商品流通的一般规律即通过货币交换而产生社会效益、经济效益。关于图书的供求规律，作者认为供求之间存在图书发行总量与需求总量之间的矛盾；图书品种构成与需求之间的矛盾；图书供求在时间与空间上的矛盾。因此，图书发行部门要善于调控它们之间的矛盾。图书进销规律是指图书的购进数量只能跟着需求数量的展开而展开，其订添货频率、重印率与供求满足率成正比。作者提出的图书流通的三个规律具有一定的创新性。这是改革开放之初较早探讨图书流通规律的论著，对发行者具有一定的启发性。本文被评为1991年首届全国出版科学研究优秀论文。

郑士德图书发行理论研究的一个重要特点是立足国内，面向市场，关注现实，在研究中做到三个结合。

一是认真读书与调查研究结合。郑士德20世纪50年代在中国人民大学贸易经济系读书时，虽然政治运动一个接一个，他还是尽可能抓住一切时间广泛读书，打下了专业知识的扎实基础，为他后来从事理论研究奠定了根基。他深知搞学术研究，光靠关门读书不行，只有把读书和社会实践结合起来才可取得成效。早在20世纪50年代，我们党开展了对私营工商业的社会主义改造，而对私营发行业的改造是其中一个重要组成部分。1955年4月，在上级主管部门安排下，他被抽调到西安市对私营书店进行了50余天的调查访问，协助西安市新华书店落实党对私营书店的安排改造政策。20世纪90年代他撰写了《1955年安排改造私营书店的历史回顾》。这篇论文回顾了西安市私营书店的概况以及对私营书店的政策、改造的成果，最后提出了两点启示：一是批发环节是图书流通的枢纽，"批发从严，零售从宽"是规范图书市场秩序的必由之路；二是合理的发行折扣是疏通发行渠道的关键，这对搞活图书流通具有重要参考价值。改革开放以来，图书市场发生了新的变化。为了适应新形势，总结新经验，他和其他的同志于2004年走访了浙江省大中型书店，肯定了浙江省新华书店系统从计划经济走向市场经济，立足新的实践和新的发展理念，突破旧体制的弊端，使精品图书增多，销售上升，采购成本下降，又按照"精干效能"原则建立新的用人机制和管理制度，使得发行费用减少，利润上升。根据调查情况，他写出了《先进生产力推进书业规模经营》一文，肯定了浙江的经验。

二是理论研究与解决现实问题相结合。1989年，郑士德被新闻出版署临时抽调到署发行司，专题研究图书发行改革问题。他经过调查研究和署党组讨论，把当年的发行改革概括为"三放一联",即放权承包,搞活国有书店;放开批发渠道,搞活图书市场;放开购销形式和发行折扣,搞活购销机制;大力发展横向联合,打破条块分割和地区封锁。经中宣部出版局副局长袁亮润色,形成《关于当前图书发行改革若干意见》文件,由中宣部、新闻出版署联合发出。实践证明,这些改革措施对缓解"买书难""卖书难"打通发行环节的中间梗塞,搞活流通渠道,增强出版者、经营者社会效益与经济效益起了积极作用。但在前进中也出现了一些新的问题,突出的表现是一些出版单位和发行部门片面追求经济效益,乱编乱发,造成发行秩序混乱。针对这种情况,他撰写了《整顿图书流通秩序是当务之急》,列举了五种混乱的表现:权力战、折扣战、回扣战、买书号战、转移战。他指出,造成图书流通秩序混乱的原因是改革目标与现行出版经济政策不配套;产销形式与购销模式不配套;竞争措施与协同措施不配套。解决这一问题的关键是出版、印刷、发行三者协同一致,互相合作,平等竞争,协同发展。

三是研究国内与研究国外相结合。图书发行折扣的高低,直接影响流通渠道的畅通。郑士德在《理顺图书发行购销差价探讨》一文中,运用马克思的"贱买贵卖是商业的规律"的理论,阐明合理的科学的发行折扣是疏通发行渠道的经济杠杆。为了合理制定发行折扣,他对旧中国的民营书店和解放区新华书店的发行折扣(40%)做了回顾,并同我国七八十年代的发行折扣(25%)做了纵向对比,认为现行的发行折扣偏低。他又同国外的一些书业进行横向比较,如英国的发行折扣为33.3%—40%,法国为37%—40%,加拿大为40%—60%,而我国在六七十年代的发行折扣不到30%,明显偏低。他建议要逐步提高发行折扣,改变商品经济时期价格形成机制和方式,合理计算流通成本和流通利润，充分发挥流通渠道的作用。

20世纪80年代中期，出版学、编辑学兴起，但是作为有悠久历史的图书发行还未建立学科，这引起了郑士德的思考与关注。他将他的发行理论进一步深化，把研究建立图书发行学作为一个新的目标。他较早撰文呼吁倡导建立中国自己的图书发行学。他在《关于图书发行学的探讨》一文中，提出建立图书发行学的理由：一是我国图书发行有悠久的历史和丰富的经验；二是中国特色社会主义现代化建设的新形势，要求我们加快图书发行学科的建设；三是对这门学科的研究建设已经有了一个良好的开端，武汉大学早在1984年就建立了发行专业。

2014年，经反复研究，他把图书发行学的对象，定义为研究图书发行活动及其发行规律的应用学科。发行规律在一定条件下反复起作用，但又看不见、摸不着，只有通过图书商品的进、销、存、退等发行活动所表现出来的种种现象，找出本质联系和必然联系，才能逐步认识它、掌握它。本学科立足于图书发行企业，以市场需求为中心，以图书发行活动全过程（含线上线下）为研究范围，认识和掌握发行规律，更好地满足读者需要，获得社会效益和经济效益的最佳结合。与此同时，他对图书发行的学科性质，基本内容和已建立的分支学科做了较为详尽的阐述。

呕心沥血育英才

"文革"期间，出版工作受到严重摧残，新华书店职工被视为资产阶级知识分子，全体人员被下放劳改，工作停顿。粉碎"四人帮"之后，新华书店恢复了正常营业，一大批新的职工进店。但对发行工作不熟悉，业务素质偏低，培训提高的任务迫在眉睫。1979年4月国家出版局召开全国图书发行工作会议，把培训发行队伍提到重要日程。面对新的培训任务，急需编写一批高水平的教材。新华书店总店把这一任务交给了时任编刊室主任的郑士德。编写新的教材没有现成的资料可供参考，也缺乏编写人才。本着边学边干，在实践中学习的精神，郑士德走访了江苏省一些书店，并物色了多位有发行经验又有一定文字表达能力的同志，凝聚群力，组成编写组编写教材。在他主持下，"从1979年开始，总店会同江苏、安徽、浙江、广西、吉林、辽宁、北京、上海、黑龙江等省市书店，组成8个编写组，陆续出版了《图书发行学概论》《图书发行管理学》《农村发行工作》《门市发行》《科技书发行工作》《图书发行统计》《图书发行会计》"[4]等书。全国各地新华书店系统，运用这套教材先后培训职工7万多人，提高了发行人员素质，有力地推动了图书发行工作，其中郑士德付出了大量心血。

1984年总店投资285万元，支持武汉大学创办图书发行管理专业。此后，安徽大学、成都大学、中山大学、北京商学院、山东省委党校也相继建立了图书发行专业。北京印刷学院、中央文化管理干部学院也相继培训在职发行干部。此外，各省、市、区新闻出版局先后建立12所图书（印刷）发行中专学校。新闻出版署以新华书店总店为基础组建了"图书发行学高等教材编审委员会""图书发行学中专教材编审委员会"。指定新华书店总店总经理汪轶千为两个编审委员会主任委员，副总经理郑士德为两个编审委员会的副主任。由郑士德具体负责主持这两个系列教材的编辑工作。从1985年到1999年，郑士德共主编图书发行高校教材12种，根据新闻出版署的通知，均由高等教育出版社终审出版；图书发行中专教材18种，均由中国书店出版社出版。郑士德吸收原由新华书店总店出版的《图书发行学概论》的研究成果，又历时四年，三易其稿，重新撰写了富有理论色彩的《图书发行学概论》，供高校使用。

面对多媒体蓬勃发展和电子出版物的崛起，图书市场激烈竞争的今天，如何探索图书发行的新路子，是摆在出版发行工作者面前的一项艰巨任务。2014年郑士德撰写了由人民出版社出版的《图书发行学案例教程》。这既是一部供高校发行专业使用的教科书，也为出版发行单位做好发行工作提供了参照。本书主线鲜明，重点突出，富于创新，具有较高的理论价值、操作价值。全书在每个章、节的论述中，引用穿插了正反两方面的案例411个，既为出版工作者开阔了思路，扩大了视野，也为发行工作者提供了操作范例。

名著传世弥久存

研究历史的任务，在于将过去的真实予以新的意义，新的价值，供现代人资鉴。

新华书店在近80年的历史长河中积累了丰富的经验，也有着优秀的传统。从20世纪80年代，作为新闻出版署党史资料领导小组成员的郑士德就着手图书发行史料的收集、整理和编辑工作，他一方面请老一辈图书发行家撰写回忆录；另一方面又亲自深入社会调查，查阅各种资料，到1978年，已经编辑出版《书店工作史》4辑，近百万字，在此基础上，1978年，为纪念新华书店成立50周年，他主编了《新华书店五十春秋》一书，系统地记述了新华书店总店和各省市区新华书店的发展历史，概括总结了新华书店发展的历史经验及其优良传统，成为向全国新华书店职工进行店史教育和革命传统教育的教材。邓小平同志亲自为这部书题写了书名。

新中国建立之后特别是改革开放以来，中国出版史、编辑史的著作相继出版，唯独研究中国书业发展历史的图书还不多见。

郑士德在进行有关发行人员编写培训教材的基础上，萌发了他要写一部图书发行史的念头。

学界常说十年磨一剑。在视力不好（早年左目失明）的情况下，他用了20年时间，终于写出了近80万字的《中国图书发行史》，2000年由高等教育出版社出版，初印7 000册，很快售完。在初版基础上，经过8年反复修改，补充新的史料，由新闻出版总署署长柳斌杰作序，2009年由中国时代经济出版社出版了第二版（增订本）。这种锲而不舍、精益求精的写作态度令人钦佩。

通读这部80万字的杰作，与别的同期专著相比，有以下几个特点：一是时间跨度长。本书从先秦写起，跨越时空两千多年，多侧面多角度对各个朝代的书业情况进行了全景式的扫描，画出了中国图书及其发行业的轮廓。二是富于创新。作者在书中，探讨了我国最早出现的书肆和书业集市，记述了在印刷术发明之前抄书售书为业的佣书历史，并纠正了以往对一些历史事实的误记。在讲书业发行的同时，对出版、印刷、典型出版物的出版也做了介绍，既可作为发行史读，也可供作出版研究。三是详今略古。"按照详今略古的原则，本书对1840年鸦片战争以后中国半殖民地半封建社会各派政治力量创办的书业以及近现代民营书业，作了详细叙述。""把五四运动以来中国共产党创办和领导的进步书店斗争史，作为本书的重中之重，对解放区、国统区以及沦陷区发行革命书刊的情况，作了全面论述……对于近20年来（1978—1999）的图书发行改革，作者在充分肯定取得巨大成绩的同时，也指出某些失误和需要继续解决的问题。改革正在深化，作者观点是一家之言，但对图书发行事业改革和发展有一定的参考作用。"[5]四是资料丰富。资料是研究工作的基础。作者在论述每个历史时代书业概况时，又运用了大量的典型史实加以叙述，既有概况的介绍，又有对洛阳、开封、长安、杭州、建阳、南京、北京等书业的典型案例，给人留下深刻印象。本书引用了古代文献及近现代的档案年鉴资料数百种，丰富了书的内容。

郑士德从事图书发行工作50多个春秋，一直在这个岗位上坚守，可以说发行事业融入了他的骨髓，其思想风范与工作业绩令人敬仰。1993年离休后，他仍然关心年轻同行的成长，为辽、吉、黑、冀、鲁、豫等13个省市（区）的县书店经理培训班讲课，为北京城市学院出版发行专业讲授《图书发行学基础》（系自编讲义，已由该校出版），从2004年到2013年，他一个人承担了《中国出版物发行》月刊的编辑工作，由发协出版。

如今（2018），他已90周岁，仍对出版史料情有独钟，孜孜不倦勤于收集，撰写论文，陆续在《出版史料》等刊物上发表。他每天坚持锻炼，不言老，不服老，老有所为，正在续写他一生的新篇章。

注释

[1] 伍杰．播种之歌［M］//中宣部出版局．发行家列传（一）．沈阳：辽宁人民出版社，1988.

[2] 郑士德．重温小平同志的题词［J］．出版参考，2004（9上）．

[3] 梁英．上下求索40年——记致力于图书发行学研究的郑士德［M］//中宣部出版局．发行家列传（一）．沈阳：辽宁人民出版社，1988.

[4] 郑士德．《五十春秋话新华》．

[5] 汪轶千．一部难得的图书发行行业史/中国图书发行史·初版序［M］．北京：高等教育出版社，2000.

（作者单位：河南大学新闻与传播学院）

（本文原载2016年第4期《出版发行研究》）